大展好書　好書大展
品嘗好書　冠群可期

大展好書　好書大展
品嘗好書　冠群可期

易學智慧14

吳懷祺／著

易學與史學

大展出版社有限公司

總序一

任繼愈

《易經》這部書幽微而昭著，繁富而簡明。五千年間，易學思想有形無形地影響著中華民族的社會生活、政治生活以及人生哲學。

《周易》經傳符號單純（只有陰陽兩個符號），文字簡約（約二萬四千餘字），給後代詮釋者留出馳騁才學的廣闊天地。迄今解易之書逾數千家。近年已有光電傳播媒體，今後闡釋易學的各種著作勢將更為豐富。

歷代有真知灼見的易學研究者，從各個方面反映各時代、各階層的重大問題。前人研究易學的成果豐富了中華民族的文化寶庫。研究易學，古人有古人的重點，今人有今人的重點。今天中國人的使命是加速現代化的步伐，迎接二十一世紀。

易學，作為中華民族文化遺產，也要為文化現代化而做貢獻。當代新易學的任務之一是擺脫神學迷信。易學雖起源於神學迷信，其出路卻在於擺脫神學迷信。凡是有生命的文化，都植根於現實生活之中，不能游離於社會之外。大到社會治亂，小到個人吉凶，都想探尋個究竟。人在世上，是聽命於神，還是求助於人，爭論了幾千年，這兩條道路都有支持者。

哲學家見到《易經》，從中悟出彌綸天地的大道理；德國萊布尼茲見到《易經》，從中啓悟出數學二進制的前景；嚴君平學《易經》，構建玄學易學的體系；江湖術士不乏「張鐵口」、「王半仙」之流，假易學之名，蠱惑愚眾，欺世騙財。易學研究走什麼道路，是易學研究者普遍關心的大事，每一位嚴肅的易學研究者負有學術導向的責任。

本叢書的撰著者多是我國近二十年來湧現的中青年易學專家，他們有系統的現代科學訓練的基礎，有較深厚的傳統文化素養，有嚴肅認真的學風，易學造詣各有專攻。這部叢書集結問世，必將有益於世道人心，有助於易學健康發展，為初學者提供入門津梁，為高深造詣者申一得之見以供參考。

這套叢書的主旨，借用王充《論衡》的話——「疾虛妄」。《論衡》作於二千年前，舊迷霧被清除，新迷霧又彌漫。「疾虛妄」的任務遠未完成。如果多數群眾尚在愚昧迷信中不能擺脱，我們建設現代化中國的精神文明就無從談起。我們的任務艱巨而光榮。

本叢書的不足之處，希望與讀者同切磋，共同提高。

（任繼愈先生現任國家圖書館館長、教授，中國哲學史學會會長，東方國際易學研究院首席顧問。）

總序二

朱伯崑

《周易》系統典籍，是中華傳統文化的重要組成部分，繼承和發揚這份珍貴的遺產，是學術界的一項艱巨任務。近年來，海內外出版了多種易學著作，形成了一股周易熱。關於周易文化的論述，提出許多問題，發表許多見解，眾說紛紜，莫衷一是，又為易學愛好者和關心傳統文化的讀者帶來許多困擾。有鑑於此，東方國際易學研究院的同仁，在自己研究的基礎上，編寫了這套叢書，參加爭鳴，希望能為讀者澄清一些問題，將弘揚傳統文化引向較為健康的軌道。我們編寫這套叢書，依據以下幾條原則：

(1)倡導以科學態度和科學方法，研究和評介周易文化，區別精華和糟粕，突出易學文化中的智慧和哲理。《周易》系統典籍，所以長期流傳不息，關鍵在於其中蘊涵的智慧或思維方式，吸引歷代學人不斷追求和闡發。這套叢書的重點在於闡述其智慧，使讀者從中受到教益，故定名為《易學智慧叢書》。

(2)《周易》系統典籍或歷代易學，對中國傳統文化的發展影響深遠，涉及到自然和人文各個領域，如古人所說「易道廣大，旁及天文、地理……」等，在人類文明史上獨樹一幟。弘揚易學智慧，不能局限於《周易》經傳本身，如歷代經學家所從事的注釋工作；還要看到其在實際生活中所起的作用和影響。編這套叢書，著眼於從傳統文化發展的角度，闡述易學智慧的特色及其價值。

(3)任何傳統文化的研究，都應同當代的文明建設聯繫起來考量，走現代化的道路，即古為今用的道路，傳統文化方能重新煥發出其生命力。編寫這套叢書，亦力求體現這一精神。總之，弘揚傳統應根植於現實生活之中。

(4)《周易》系統的典籍，文字古奧，義理艱深，一般讀者難於領會。編寫這套叢書，一方面立足於較為踏實的學術研究的基礎上，對原典不能妄加解釋和附會，一方面又要以較為通俗易懂，用當代學人所能接受的語言，敘述易學智慧的特徵，易學文化流傳的歷史及其對中華文化所起的影響，行文力求深入淺出，為易學愛好者提供一入門途徑。

以上四條，是我們編寫此套叢書的指導方針和要求，參加撰寫的同仁，大都按這些要求努力工作。有的稿本改寫多次，付出了艱巨的勞力，至於是否達到上述目的，要待廣大讀者的批評指正了。總之，編寫這套叢書是一種嘗試，旨在倡導一種學風，拋磚引玉，以便同學術界、文化界的同行，共同實現弘揚優秀傳統文化的任務。

（朱伯崑先生現任東方國際易學研究院院長兼學術委員會主任，北京大學哲學系教授，中國易學與科學研究會理事長。）

自序

中國古代史學家和易學結下了不解之緣，正是易學的豐富的辯證的聯繫思維培育出古代史學家對自然、對社會歷史認識的獨特視角，使他們的歷史觀具有了哲理特性。可以說，這是中國古代史學民族性最為鮮明的體現之一。

從史學史上看，中國古代大史學家中的大多數，都是通《易》的。司馬遷的家學淵源之一，是「學《易》於楊何」，加上道論、天官學，構成了司馬遷富有辯證聯繫的史學思想。班固的《漢書・五行志》把京房《易》放在十分突出的地位，用漢《易》解釋漢代以前的歷史；《漢書・藝文志》以易學的流變思想，論說古代文獻的起源與性質，則是另一樣特點。班固對古代史學與易學都做出了重大的貢獻。其後，如荀悅《漢紀》、袁宏的《後漢紀》等著作，都可以看出易學與史學的緊密聯繫。至於宋代歐陽修、司馬光、朱熹等，明清兩代的王夫之、黃宗羲、顧炎武和章學誠等，不但是大史學家，而且也是開一代治易新路徑的大師。這些在這本書中都有介紹。

近代的章太炎、劉師培、郭沫若和顧頡剛等在二十世紀史學史上有重要的地位，在史學近代化過程中，在舊經學終結的背景下，他們所作的工作，一是把《周易》從神的啓示錄還原為世俗人的創作；二是以歷史的眼光解《易》，從中看出古代社會的情形；

三是，以新的學術觀點說明易學及其變化。他們以新的觀點認識《易》，可以說是化腐朽為神奇，為今後研究《易》打開了新的思路。

這本書把史與易聯繫起來，但又不是以史證易的路數，而是想以易解史學，透過易學與史學關係的研究，說明中國古代史學發展的獨特的路徑。

中國古代史學家從易學中得到啓示，他們在論述歷史的興亡、社會變革中的重民思想、憂患意識以及通變思想，都是史學思想的寶貴財富。這些在今後發展新世紀的史學工作中，非常值得借鑒，我們可以從中汲取到大智慧。

在易學發展過程中，後人體會易有三義，唐朝的孔穎達在《周易正義》卷首中，作了發揮，說：「夫易者，變化之總名，改換之殊稱。」清朝章學誠認為孔穎達的話，是捉住了易學的根本精神。

確實，什麼是歷史？中外思想家、史學家不知有多少爭論。應當說，只有把歷史當作變與不變的辯證統一，才能對歷史的特性有很好的理解。任何事物不可能沒有變化，否則就不會有這個事物的歷史；同樣，如果沒有相對的不變，每時每刻都變得面目全非，當然也就不能形成這個事物的歷史；變與不變的辯證體現事物「多」與「一」、「簡」的體徵。易之義對理解什麼是歷史的問題，有重大的意義。

說了上面這樣一些道理，無非是說史學史研究者，應當研究易學，這可以幫助我們認識中國古代史學思想的豐富和深邃，進而探討中國民族史學的特性。這也就是我開始研究易學的動機。

我的導師白壽彝先生早在青年時期，在易學研究上很有成績，顯示其獨到的見識和考索之功，這對於成就他的史學大業，起了重要的作用。這對我治史是很好的啓示。

朱伯崑先生治易的風格對我產生重要的影響。書稿出版，得到劉長林、鄭萬耕諸位仁兄的幫助。中國書店出版社的馬建農總編和趙安民、錢律進諸位同仁，在書稿審校上，付出大量精力，在此表示謝意。

吳懷祺　於北京師範大學

目錄

第一章　易學與中國古代史學

讀史可以明智，但並不是所有的史書讀後都能使人變聰明，從中得到智慧。史書中只羅列史實，機械地編年記事，讀這樣的史書，味同嚼蠟，哪裡會使人得到啟迪？沒有思想、沒有哲理的史書，是不能給人智慧的；反過來，古今中外的史學名著，書中都是閃爍著思想的光華。

史學家在嚴格遵守信史的原則下，表達出對興亡的關注，對未來的思考，對民族的熱愛。讀這樣的史書，「如生乎其時，親見乎其事，使人喜，使人悲，使人鼓舞未既而繼之以嘆且泣也」。（袁樞：《通鑒紀事本末敘》）

中華民族是一個十分重視歷史的民族。從殷人算起，有成熟文字記載的歷史就有幾千年了，「有冊有典」的歷史典籍中蘊含著豐富的歷史思想、史學思想。

古代沒有如同近代的哲學書籍，中國史學家是從傳統的經籍中得到了思維訓練，啟發他們研究天人關係，從自然變動中得到對社會歷史變化的理解。就這一方面說，富有辯證法因素的《周易》對中國史學產生的影響，更在其它經籍之上。

一、以史證易與以易解史

中國史學還在童年時代就和易學結下了不解之緣。先秦時期史官精通《周易》，在以史解易中，顯示出他們深邃的歷史眼光，促進了史學思想進步，同時又對易學體系形成做出了貢獻。

在中國史學史上，歷代大史學家大多對《周易》有精深的了解。司馬遷的家學中有易學傳統，他自己在漢初的易學史上有重要的地位。易學對司馬遷史學的影響非常明顯。班固的易學特點反映了東漢易學風格，《漢書・藝文志》把《易》放在六藝之首；又以通變觀點論學術淵源；《漢書・五行志》對京房《易》十分重視，並且運用京房《易》對歷史變化作出解釋。荀悅與荀爽的易學相通，荀悅在《漢紀》中論史反映出易學的印痕。袁宏援玄解史，易理成為他評論歷史和人物的哲理基礎。

兩宋的史學總結歷史盛衰的經驗教訓，以易學理論解說歷史變動，把中國史學思想推向一個新的高度。

歐陽修是大史學家，在易學史上有特殊的地位，他寫的《易童子問》等，反映出對易學的清醒認識；他以義理解易，進而提出對歷史興衰變動的看法。司馬光的《溫公易說》等體現出他的歷史觀的特點。李心傳、李燾是蜀中史學的代表人物，他們的易學與史學相通。李光、楊萬里是易學以史證易的代表，把史學納入到易學體系中去。朱熹是理學的集大成者，同時也完成了使史學「會歸於理之純粹」。朱熹史學、易學，都成為他構建理學體系中的有機組成部分。

元明時期的史學家在易學上，多是有建樹的學者，特別是明末清初的王夫之在易學上有特別重要的地位。船山易學的思維特徵對他的史論著作《讀通鑑論》、《宋論》等產生重大的影響。

清人章學誠在《文史通義》中開篇便是《易教上》、《易教中》與《易教下》，他的易學觀點，成為評論史學的理論基礎。

近代易學和古代易學明顯不同的地方是，一般不再是在舊經學範圍內論說《易》，討論歷代的易學有關問題，而是以史的眼光認識《周易》❶。顧頡剛解說《周易》的歷史故事，把易學討論納入他的辨古史的範圍。郭沫若用社會史眼光認識《周易》，這些成為他的《中國古代社會研究》的第一個大板塊。他以敏銳的眼光抓住《周易》的辯證法精華，為系統總結易學提供了範例，把《周易》這部書從神的啟示錄變成「世俗人」的思維術。

在古代史學發展過程中，易學變化對史學產生過三次大的衝擊。

第一次是從先秦到兩漢易學的變化，為中國古代史學家思考天人關係、總結歷史興衰，提供了思想基礎。

第二次是魏晉時期，《易》是玄學三個組成部分之一，史學家品評歷史人物、總結歷史的思維方式都受到易學的影響。

第三次是兩宋的易學成為理學的要素，也成為史學家論歷史興亡、說歷史因革的哲理依據，波瀾所及，直到明清。近代易學與史學關係是另一回事。

從學術史上看，易學與史學關係基本上有三種範式。一是以史證易。這就是清朝《四庫全書總目》中說的宋代李光、楊萬里的以史證易。這是易學範圍內的事，是以歷史事實解說易理，說明易理的正確，因而它是易學史的義理派。要說明的是，以史證易，並不是從李光、楊萬里開始。下面我們還要說到這一點。

另一種是以易解史，以易學的思維方式認識人類歷史，洞察古今興衰，評論行事得失。這在中國史學史上是主要的一面，歷史學家受易學影響，對他們的治史產生影響，甚至影響一個時代的史學走向，在史學上打下深深的烙印。我們這本書主要是從這樣的角度討論易學與史學的關係。這本書不是以史證易流派所能概括得了的，而且我們也認為只有從思維方式的角度認識易學對史學的影響，才能更好地揭示易學變化與史學進展的關聯。

還有一種是，把《周易》作為社會史的影子，或作為史料，這是改造了以史證易的路數。這本不錯，但它同樣不能闡明易學與史學的內在關係。

《周易》的憂患意識、通變思維方式影響史學家治史。有的史家在史書的《序》和其它地方作出說明；有的史家沒有說明，只是由剪裁史料、行文敘事各種方式表達出歷史思維的特點。分析史學家作品，便能體會得到，看出易學對他在理解歷史、認識史學上的影響。所以，在研究易學與史學關係時，要注意對史著的認真分析，要在原著上下功夫，要讀其書，知其言，更要知其所以言。

應該說明，易學對中國史學產生的影響有正面的，這是主要的一面，但也有負面的影響。中國史學史上的讖緯神學歷史觀點、天人感應歷史的解說，很多和當時的易學思潮有關。這在適當地方也應當指出的。

我們這本書著重從思維方式上討論易學對中國史學的影響，因此，這不同於古代易學以史證易，概括起來說是：以易解史，系統地討論一下中國史學與易學的思維方式有怎樣的聯結。

二、中國古代史學思維術與易學

易學在思想史上的影響，最重要的一個方面，是影響我們民族的思維方式。這一點，郭沫若在《中國古代社會研究》說到《周易》的辯證思維，可以歸結成三個定式：

第一個：

天下同歸而殊途，一致而百慮。（《繫辭下傳》）

第二個：

陰疑於陽必戰。（《文言上傳・坤》）

第三個：

剛柔相推而生變化。（《繫辭上傳》）❷

郭沫若從積極方面指出易學辯證思維，於事物中看出矛盾，於矛盾中看出變化，於變化中看出整個的世界，進而總結《周易》辯證思維方式的「三個定式」；接著他也揭示了《易傳》辯證運動觀點的缺陷，這就是把世界絕對的變化當成是相對的，「把絕對的恆久化成本體，依然把世界雙重化了起來」；「就這樣辯證法一變而與形而上學妥協，再變而與宗教妥協」❸。因此，《周易》又開啟了通向神道設教一系列迷信的道路。應該說，這樣理解《周易》是抓住了易學的關節，啟發人們對易學與古代史學關係的思考。

需要說明的是，分析易學的思維特徵，不只是要研究凝結在《周易》經、傳中的思維特點，還要討論在易學發展過程中，歷代史學家、思想家在以易解史中表達出對歷史理解的方式。易學思維是多樣的❹，從史學思想角度，從思維方式看，易學對史學影響至少可以提出這幾個方面。

——易與天地準的思維，也可以說是究天人之際的整體的思維。從八卦卦爻形的陰陽乾坤天地的內涵，到大衍之數占蓍之法，都反映出《周易》是把天地人聯繫起來思考。《繫辭上》說：「易與天地準，故能彌綸天地之道。仰以觀於天文，俯以察於地理，是故知幽明之故。原始反終，故知死生之說。精氣為物，游魂為變，是故知鬼神之情狀。」《繫辭下》說：「古者包犧氏之王天下也，仰則觀象於天，俯則觀法於地，觀鳥獸之文與地之宜，近取諸身，遠取諸物，於是始作八卦，以通神明之德，以類萬物之情。」仰觀俯察天地與自然之變化，才有八卦，才有《周易》，所以究天人之際的思維方式，是在這樣的基礎上建立起來的。它對歷史觀產生一定的影響。

中國史學思想史上，有一種歷史觀是把人類歷史作為自然史的一部分來思考，可以說這是一種大歷史觀。這種歷史觀進而討論天人之間的聯繫，自然的「天」與社會的「人」，究竟有怎樣的聯繫，歷史發展的動因，是天還是人，是天決定歷史的變化，還是人事作用決定社會的變動？思想史上的天人感應說、災異說，都是由此衍生出來的歷史觀點；與此相對立的是重人事的歷史觀點。

所謂天人之際的整體思維中有的體現為辯證聯繫的思維，把自然與人類歷史，看作是陰陽相互的作用的體系，從《乾》、《坤》到《既濟》、《未濟》是一個體系，各卦與整體又成為一個相互作用相互影響的體系，每卦中上下卦又為相互的聯繫的體系。這個思想是在長期發展過程中形成的。

從中國史學思想上看，天與人構成一個體系，其中「人」的社會有君臣父子夫婦組成的體系，而隨著社會人所處的地位不同，又有大宗、小宗的宗親體系。這是易與天地準的整體思維的各個方面，我們應該注意到。

——通變思維。只因有變化，才有世界、才有歷史的進步。易窮則變，變則通，通則久。「變」、「通」、「久」三者一體。而事物發生變化、影響變化又與一定的條件有關，與事物所處的位、體有關；變化的前途是又有「時」、「勢」的各種狀態。社會發展過程中，「變」與「不變」具體到社會上來說，它們各有特定的內容。「變」與「不變」是怎樣一種關係；社會變革，應該怎樣「變」等，這裡又有各種主張。盛極而衰、見盛觀衰，等等，成為歷代史學家的熱門話題。《周易》中的通變思想對歷代思想家史學家考慮社會前途，提供了很多啟迪。有的直接借用《易》的語言，有的是按照《周易》變通思維方式，提出解決社會危機方案。

——神無方而易無體的思維，這是說研究自然的天與社會的人，要有創新的思維。所謂「易」有三義即簡易、不易與變易，但其主導的內容、核心的思想是「變易」。因而易學要求人們在觀察、研究自然社會時，不要固定一種程式。「日新之謂盛德」是這種思維的形象的表述。在這裡，我不同意把「神」當作鬼神的意思。

——「天下同歸而殊途，一致而百慮」的思維。自然聯繫法則也是文化發展的法則，這是思考學術發展的一種思維方式。易學是一個包容性的理論體系，所謂「易道廣大」也是指這層意思，從《易經》到《易傳》經歷一個很長時期，經過篩濾，還是有雜質，其形式中神秘元素一直保留下來，但其中是吸納了中華民族的辯證思想精粹，最終構成豐富的思想體系，從而形成一種有特色的思維方式。中國的「史家之言」是這種思維方式的產物，史家以「紀」、「志」、「傳」等形式，網羅政治、經濟、軍事以及學術、風俗、文化、制度、人事等於其中，社會生活各個方面辯證聯繫為一個整體。學術文化在發展過程中，分分合合，卻又體現出一種趨勢，「同歸」、「一致」不是終結，而是新變化的起點。中國史學是包納百家之學的學術，又在變化呈現一種趨同的態勢。這些正是體現出這樣的思維方式。

易學的思維方式是複雜的，相互包容、相互聯繫。因此，在討論易學思維特點時，特別是在討論易學對史學所產生的影響，就應當看到它的複雜的一面，做到具體問題具體分析。總的來說，其中最基本的方面是易學的「變」與「不變」的辯證統一的思維，它構成史學的基本精神。史家在這個問題上的理解深淺與差異，從根本上反映出歷史見識的高下。

歷代史學家特別是一些大史學家，如前所說，都受到易學的影響，這已是事實，後面我們還要以史學發展的歷史來展示這多彩的畫面。在談到易學思維術對史學的影響，在估價易學對史學產生的影響時，仍然要本著實事求是的態度，既不囿於陳說，又要恰如其分作評說，並且從中得出有益的啟示。

這裡有一個問題，清人在《四庫全書總目》的作者，說到易學淵源流變時，認為「聖人覺世牖民，大抵因事以寓教，《詩》寓於風謠，《禮》寓於節文，《尚書》、

《春秋》寓於史，而《易》寓於卜筮」❺。《總目》的作者指出《易》與卜筮有著密切的淵源關係，是說到關節處，但只是認定《尚書》、《春秋》寓於史，這會使人產生一種錯覺，認為《易》與史沒有多少關聯，這就不準確了，而且《總目》分析易之兩派六宗，首先點出了《左傳》與《易》的關係，「故《易》之為書，推天道以明人事者也，《左傳》所記諸占，蓋猶太卜之遺法也」。這難道不是說，《易》也是寓於史嗎？

在說到易學的兩派六宗時，《總目》說易學在發展過程中，有義理與象數兩派，兩派下面又有不同的宗，一共是「六宗」，其中只有宋代的李光、楊萬里才是「以史證易」，是義理派中的一宗。

這是從易學發展角度說的。此說又有可商榷之處，《易》之傳與經中，就有以史證《易》，而且歷代易學家又何嘗不用史解《易》，即從宋代來說，歐陽修、程頤、司馬光等，何嘗不以史解《易》？另外，象數派也同樣也常常借用史解易，也是以史解《易》，有的時候是在更大的範圍內或把人類史納入整個的宇宙的變動圖式中去；也有的以史作為圖象解說的佐證。說這些，並非有意於商榷古人，而是要說明，易學與史學的關係十分緊密，同樣史學與易學的關係也十分緊密。

我們這本書簡要地討論史學與易學的關係。這裡有兩個方面，一是說明史學對易學關係。「以史證易」是其中一個重要的方面，但更要重視討論易學對史學的影響，這也是這本書要著重討論的對象。而易學對史學的影響突出地表現在易學思維方式，也就是人們說的易學思維術對史學所產生的影響。要討論歷代史學家（也包括思想家）在認識歷史中受到的易學思維影響。儘管其中也有不好的影響，但在整個史學發展中，這種影響積極的方面是主要的。易學的發展對中國史學思想的深化起的作用相當大，成為中國古代史學得到發展、得到深化的智慧的主要來源之一。

努力探討易學對中國史學的影響，特別是研究易學在發展過程中，它的思維方式對中國史學所產生的震撼，開啟史家深化歷史認識的途徑，給中國史學提供了豐富的智慧源泉。從這個角度審視中國史學的發展史，才能揭示中國古代史學的一個重要的民族特徵。這些內容也可以說是我們這本書的特點。

雖然我們做得還不理想，思考還不周到；限於篇幅，有的章節有待展開，很多內容將來要增補進去，但系統研究，總應該早一點開始為好，即使線條粗了一點，但還是能顯示中國史學的民族特點之一。本章說出的想法，是為以後作一層鋪墊，也算是一個楔子、一個進入正文的開場白吧。

【註釋】

❶ 近代劉師培論說到《易經》與史學的關係，認為《周易》對考史的意義有四點，一，周代之政多記於《易經》，故《易經》可以考周代之制度；二，古代之事多存於《易經》，故《易經》可以補古史之缺遺；三，古代之禮俗多見於《易經》，故《易經》可以考宗法社會之狀態；四，社會進化之秩序，事物發明之次第，多見於《易

經》，故《易經》可以考古代社會之變遷。（見《經學教科書》第二冊，第二十五課《論易學與史學之關係》）。

劉氏著重從文獻學角度認識《易經》與史學關係。

❷《郭沫若全集・歷史編》第一冊，人民出版社一九八二年九月版，第七十六～七十七頁。

❸《郭沫若全集・歷史編》第一冊，七十七、七十八頁。

❹朱伯崑在《易學哲學史・前言》（華夏出版社一九九五年一月版，第一冊第三～四頁）指出易學的思維方式十分豐富，有形式邏輯思維、辯證思維、直觀思維、形象思維等，但最突出的是觀察世界的辯證思維。這是很有道理的。

❺《四庫全書總目》卷一，《經部一・易類一》。

第二章　先秦史官通《周易》

遠古時期，在沒有文字以前，只能靠傳唱來記憶氏族發生的大事與自己對前途的希望。氏族的初民們以刻木、結繩記錄歷史，但同時還有其他方式。瞽史傳唱以頌揚先祖的業績和早期文字的記錄大事，傳播歷史，這是記錄歷史知識和歷史經驗的途徑。他們一面是記錄下歷史的大事，一面是解說歷史。在人神雜糅的遠古時代，瞽與巫成為解說歷史的承擔者。這種巫史合一的「史」，具有二重性，真實記載歷史和以神意天意解說歷史、曲說歷史合而為一。魯迅在《門外文談》中說：

> 原始社會裡，大約先前只有巫，待到漸次進化，事情繁複了，有些事情，如祭祀，狩獵，戰爭……之類，漸有記住的必要，巫就只好在那本職的「降神」之外，一面也想法來記事，這就是「史」的開頭。況且「升中於天」，他在本職上，也得將記載酋長和他的治下的大事的冊子，燒給上帝看，因此一樣的要做文章——雖然這大約是後起的事。再後來，職掌分得更清楚了，於是就有專門記事的史官。文字就是史官必要的工具，古人說：「倉頡，黃帝史」。第一句未可信，但指出了史和文字的關係，卻是很有意思的。

魯迅先生闡明「史」發生的過程與「史」具有的性質，對我們認識古代史學從萌芽到發生的過程和特點，很有啟發。

一、先秦史官與《周易》

文字發明後，特別是到了殷代，有了成熟的甲骨文以及鐘鼎文，即所謂「惟殷先人，有冊有典」，「史」的職掌更多是記錄有關社稷的大事。「史」基本上還是保持了原有的功能，既是記載歷史，又透過占卜解說歷史的變化。貞人、卜者兼有「史」的職能；同樣，「史」也兼有「巫」與「卜」的職能。在中國史的童年時代，史和卜筮有著不可分離的關係。作為解說卜筮結果的《周易》，它在形成過程中，和「史」的活動也就結下了不解之緣，成為「史」觀察社會、解說歷史的思維邏輯依據。

先秦的「史」情況比較複雜，有的說先秦的史，有大史、小史、內史、外史和御史。也有的說有大史、小史、左史、右史與內史之分，而且職掌分明。《周禮・春官》說是：大史掌建邦之六典；小史掌邦國之志；內史掌王之八枋之法，掌書王命；外史掌書外令，掌四方之志；御史掌都鄙及萬民之治令，掌四方之志。「史」的職掌，側重在管朝廷的檔案，發布文書、命令一類的事。關於左史、右史，《禮記・玉藻》篇說古代有左史，專門是記錄天子的行動的；右史是專記錄天子說的話。《漢書・藝文志》則說是左史記「言」，右史記「動」。後代學者為此煞有介事，作出大量考證。說是古之左史即《周禮》中說的內史，右史即是大史；還有的說，記「動」的材料就是《春秋》史書，記「言」的是《尚書》等等。這裡不想再去考證一番。

這些話現在看起來比較難懂，而且我也不太相信。先秦沒有後世那樣的紙與筆，如何能隨時隨地記錄下天子的「言」與「動」？同時，先秦稱為「史」也還有許多，不局限上面所說的一些「史」。清人章學誠在《文史通義》中的《書教上》篇中對前人的考證表示過懷疑，又說古代記事與記行是分不開的。

但古代確是有史官的，先秦文獻這方面的材料很多。但史官擔負的任務比較多，也比較雜，有的又和別的官吏的職掌相混雜。史官的任務大致地說，有三個方面：一是記錄軍國大事，在當時，首先要記錄天子、諸侯國君的言與動。二是有時由解說卜與筮的結果，說出對軍國大事發展趨勢的看法。三是觀察天象整理歷書。歸納起來，是兩個大方面，即：記錄軍國大事、保管重要文獻和解說歷史，對時局變動和社稷發生的大事可能造成的影響提出自己的看法。記時書事是固定的，而對軍國大事變化的解說，則要有依據。這個依據很重要的來源是《周易》。要理解《周易》這本書之所以成為史官解釋歷史的重要依據，我們就不能不首先談這本書的性質和特點。

《周易》在傳統書目錄中，是放在六經之首。其實它本來是卜筮之書，這層窗戶紙早被宋朝朱熹老夫子戳穿了，就是說，《周易》並不是什麼神聖不得了的寶貝，它原本不是神矣聖矣的經籍，只不過是古人用來解說占卜結果的書（見《朱子語類》卷六十六）。這話符合情理，也有歷史根據。

那麼，《易》與史官有什麼關係？首先，史官精通《周易》是職能的需要。前面說過，史與卜、巫、祝都與占筮有關，《周易》是他們解說卜筮卦爻辭的依據。祝史、卜史連稱的，先秦文獻中的記載很多：「祝宗卜史，備物典策，官司彝器」（《左傳》定公四年）；「使公孫登徙大龜，使祝史徙主祏於周廟，告於先君」（《左傳》昭公十八年）。《周易》的「巽・九二」也說：「巽在床下，用史巫紛若」。先秦這些屢見不鮮的記載，表明了祝、巫、卜與史在職能上有相同的一面。到了漢朝，司馬遷在《報任安書》中，還說：「僕之先人非有剖符丹書之功，文史星歷近乎卜祝之間」（《漢書》卷六十二《司馬遷傳》），由此我們可以見「史」的性質。史官的職掌決定了他們有精通《周易》的條件，而史官的職能又決定他們必須通《周易》。

其次，史官保管《周易》，並且運用《周易》解釋歷史的變化。由於他們要記載天子諸侯國君的言與行，與天子諸侯國君關係更密切，在政治舞臺上產生更大的影響力，一般卜、祝難以和史官相比。他們為了使天子諸侯國君相信他們的話，需要有理論的依據，這導致了他們和《周易》的關係更深了一層。《左傳》莊公二十二年載：「周史有以《周易》見陳侯者」；昭公二年載：晉國韓宣子到魯國，「觀書於太史氏，見《易象》與《魯春秋》」；襄公九年，魯史解《周易》「艮」之「八」，說「是謂『艮』之

『隨』，隨其出也。君必速出」；襄公二十五年，史官解筮，以遇「困」之「大過」，第三爻由陰變陽，說崔武子娶棠姜為吉，但陳文子以卦象、爻辭，重新解釋，認為是凶。昭公二十九年、三十二年和哀公九年，都有史官用《周易》說時事的吉凶、政局變動的前途。所以，先秦史官以《易》說史，成為一種風尚。

先秦史官不只是要記時書事，還要觀察人事吉凶、政局變化和歷史前途。《周易》在史學中的作用有了進一步發展。

再次，史官是《周易》的體系、內容的創作者之一。以《周易》的思想、思維方式思考軍國大事、歷史變化，反過來，他們的解說，又豐富了《周易》的理論，而《周易》的發展又離不開歷史事實的支撐。哲學總是自然與社會兩個方面認識的概括，因此，任何一個哲學體系的完成，也都離不開對人事歷史的思考。《周易》對歷史的解喻，得到了印證，又從歷史的實踐中得到豐富發展。先秦史官至少是《周易》的創作者之一，而且是重要的作者。

應該看到，不只是有史官，一些思想家、軍事家及政治家，包括一些王室宗親大臣，也都是通《周易》的。但比較起來，史官在運用《周易》上更為普遍，這是一。第二，一些政治家、思想家以《易》解釋社稷前途，最後不少人還是要請史官來決斷。如魯昭公七年，衛襄公死，在立繼位人問題上，大夫孔成子難以「自決」，因此，占了一卦。孔成子以《周易》筮，對遇「坤」之「比」的意義，提出自己的想法，最後按照史朝的解釋打消了疑慮，作出決斷，立衛靈公。

更為重要的是，史官的說《易》，能更好地把易學的哲理與對現實的觀察結合起來，成為大變動時代的寫照，又體現為一種歷史感與時代感的結合。《繫辭下》說：「《易》之興也，其當殷之末世、周之盛德邪，當文王與紂之事邪，是故其辭危。」又說：「《易》之興也，其於中古乎，作《易》者，其有憂患乎。」

總之，《易傳》到了戰國時代中後期形成，先秦易學與古代早期的史學紐結在一起，《周易》反映出這個時代大變動的特徵。史官精通、掌管《周易》，又用《周易》解釋卜筮的卦爻辭，進而說明歷史變化，使《易》有了歷史的說明，這對《周易》這本書的發展起了促進的作用，豐富了《周易》的內容、思想。雖然史官的解《易》並不都是十分高明，而且其他階層中，也有人擅長用《易》來說史的。但我們看到，正是在這樣大環境下產生的史官文化，由於以《易》為依據，史學思想更多帶上了哲理的色彩，其思維方式具有辯證法的特點。但另一方面它又為古代天人相關說提供了依據，從而使這種理論帶上了神秘性。

前人有「人更三聖，世歷三古」的說法，用來神化《周易》的作者，說是伏羲畫卦，周文王作卦爻辭，孔子作傳。還有不少的說法，把周公甚至把大禹等都扯進來。如果說他們對《周易》形成作出過貢獻，或者把這幾個聖人作為時代的代名詞，可以說得通，但要說全是這幾個聖人的作品，是大可懷疑的。如孔子的思想是在《論語》中集中表述出來的，但《論語》的思想傾向、內容，同《周易》相比較，相差太大，實在是沒有太多的聯繫。說是孔子作《傳》，也就是說《十翼》都是孔子作的，很難拿出讓人信服的證據來。前人在考辨《周易》的作者時代，有了大量的成果，這裡就不糾纏了。

二、變通的史學思想與先秦史官說《易》

史官的解易最重要特點是富有辯證法的通變思想。通變思想，在有的地方又稱變通思想。——先秦史官觀察現實、解說歷史的趨向，以《周易》的通變思想作為邏輯思維依據，反映出史官認識歷史的聯繫思想和樸素的辯證法思維特點。史載，魯莊公二十二年，陳厲公生兒子為敬仲（名完）。這件事對後來陳國的發展會產生什麼影響？當時，周史官在陳國，他用《周易》來解釋，於是就有了這樣一段故事：

陳侯使筮之，遇《觀》（䷓）之《否》（䷋），曰：「是謂『觀國之光，利用賓於王。』此其代陳有國乎？不在此，其在異國；非此其身，在其子孫。光遠而自他有耀者也。《坤》，土也；《巽》，風也；《乾》，天也。風為天於土上，山也。有山之材而照之以天光，於是乎居土上，故曰：『觀國之光，利用賓於王。』庭實旅百，奉之以玉帛，天地之美具焉。故曰：『利用賓於王。』猶有觀焉，故曰：『其在後乎。』風行而著於土，故曰：『其在異國乎。』若在異國，必姜姓也。姜，大岳之後也。山岳則配天。物莫能兩大，陳衰，此其昌乎。」及陳之初亡也，陳桓子始大於齊，其後亡也，成子得政。

周史以《周易》解說陳國歷史發展趨勢，首先，它體現出一種變通聯繫思想。本卦與之卦是有聯繫的，《觀》卦是《坤》下《巽》上，卦象是風在土上；從本卦的《觀》卦中的六四爻變為九四爻，是為之卦《否》卦，《否》卦是《坤》下《乾》上。《坤》象土，《巽》象風，《乾》象天，這一變動從易象上便成了「風為天於土上」，這就有了周史的一段的解說。我們注意到《周易》的豐富的聯繫思想在這裡表現得相當充分，每卦中各爻是相互聯繫的，本卦與之卦又是相互聯繫的，不僅如此，以互體說解釋之卦《否》卦，《否》的上卦是《乾》，是天，其內在的二三四互體為《艮》卦，是山之象，山上生長木材，因此，就有了「有山之材而照之以天光」的說辭。而《否》卦的三四五爻，互體為《巽》卦，是風之象，風行疾而遠，政局變動結果還需要經過一個較長過程才顯現出來。再結合本卦的《觀》卦的變爻即六四爻的爻辭「觀國之光，利用賓於王」，加以推論歷史的命運。這裡體現出一種內在聯繫的思想。更為重要的是，周史是了解當時政局形勢的，他聯繫的辯證的思想，結合當時的形勢，得出結論，說：「物莫能兩大，陳衰，此其昌乎」，周史解說歷史前途，也就有了邏輯的依據。

——史官運用通變思想解釋歷史，特別是對古史的說明，反映出《周易》作者的進化的古史觀念和社會史觀念。《周易》中關於古史觀念解釋，較為集中的論述有《繫辭下》中的一段話：

古者包犧氏之王天下也，仰則觀象於天，俯則觀法於地，觀鳥獸之文與地之宜，近取諸身，遠取諸物，於是始作八卦，以通神明之德，以類萬物之情。作結繩而為網罟，以佃以漁，蓋取諸《離》。

包犧氏沒，神農氏作，斫木為耜，揉木為耒，耒耨之利以教天下，蓋取諸《益》。日中為市，致天下之民，聚天下之貨，交易而退，各得其所，蓋取諸《噬嗑》。

神農氏沒，黃帝、堯、舜氏作，通其變，使民不倦；神而化之，使民宜之。《易》窮則變，變則通，通則久，是以自天祐之，吉無不利。黃帝、堯、舜垂衣裳而天下治，蓋取諸《乾》、《坤》。刳木為舟，剡木為楫，舟楫之利，以濟不通致遠，以利天下，蓋取諸《渙》。服牛乘馬，引重致遠，以利天下，蓋取諸《隨》。重門擊柝，以待暴客，蓋取諸《豫》……

上古穴居而野處，後世聖人易之以宮室，上棟下宇，以待風雨，蓋取諸《大壯》。古之葬者，厚衣之以薪，葬之中野，不封不樹，喪期無數。後世聖人，易之以棺槨，蓋取諸《大過》。上古結繩而治，後世聖人易之以書契，百官以治，萬民以察，蓋取諸《夬》❶

《周易》作者描述了文明產生的過程。遠古時代人類發展是從狩獵經濟到採集經濟、種植經濟，再到原始的農耕經濟；從穴居野處到房屋宮室的出現；從野蠻到文明產生，發明了文字；地區之間聯繫由於舟車的發明，得到了加強。社會管理從「垂衣裳而治」到「重門擊柝」，也就是，從一般社會管理到防止暴力工具出現。文化上，上古只能是結繩而治，到了後來，「聖人易之以書契」，這當然是一大進步。喪事等方面的禮儀，也隨之發生變化。《周易》的通變思想中的古史觀是進化的觀念，相當明顯。這中間也包含對社會史的認識。

《序卦》對人類社會的產生、發展有一總的說明，與上面內容的思想是一致的。《序卦》說：

有天地然後有萬物，有萬物然後有男女，有男女然後有夫婦，有夫婦然後有父子，有父子然後有君臣，有君臣然後有上下，有上下然後有禮義有所錯。

這表明人類與萬物最初為一，以後才分化出來。君臣上下禮義等級制度不是與天俱來、亙古不變的東西。它也是歷史的產物。

在《周易》作者的心目中，古代歷史不是一個十分美好的黃金時代。《周易》沒有系統謳歌三代，相反地，從一些文辭中，我們可以看出那個時代同樣是搶劫成風，刑罰繁苛。這些內容有：「喪羊於易」（《大壯・六五》）、「月幾望，馬匹亡」（《中孚・六四》）、「噬嗑，亨，利用獄」（《噬嗑》）、「屨校滅趾」（《噬嗑・初九》）「噬膚滅鼻」（《噬嗑・六二》）、「何校滅耳」（《噬嗑・上九》）、「鼎折足，覆公餗，其形渥，凶」（《鼎・九四》），所謂「形渥」，很多本子作「刑剭」，也就是重刑的意思。（見朱熹《周易本義》）把這些材料集中起來，至少說明夏商周三代的社會不是充滿了仁義的時代，三代統治者同樣是對外掠奪，對內殘酷鎮壓。

至於整個歷史發展是怎樣變化的，是否也是不斷進化的？《周易》的作者沒有回答。我不贊成說《周易》運動觀是一種循環運動觀，無論是從《乾》到《未濟》的六十四卦體系，還是每一卦的從初爻到上爻各爻的變化，都無法得出《周易》的運動觀是循環運動觀的結論。就歷史運動觀來說，《周易》的古史觀是進化觀，但就整體來說，它的進化觀，又是不完全的，或者稱之為「半截子進化觀」❷。

——先秦史官以《易》解說歷史與現實，包含著重人事思想。《左傳・僖公十五年》：

> 初，晉獻公筮嫁伯姬於秦，遇《歸妹》（䷵）之《睽》（䷥），史蘇占之，曰：「不吉，其繇曰『士刲羊，亦無衁也。女承筐，亦無貺也。』西鄰責言，不可償也。《歸妹》之《睽》，猶無相也。』《震》之《離》，亦《離》之《震》，為雷為火，為嬴敗姬。車說其輹，火焚其旗，不利行師，敗於宗丘。《歸妹》『睽孤，寇張之弧』，侄其從姑，六年其逋，逃歸其國，而棄其家，明年其死於高梁之虛。」及惠公在秦，曰：「先君若從史蘇之占，吾不及此夫。」韓簡侍，曰：

「龜，象也；筮，數也。物生而後有象，象而後有滋，滋而後有數。先君之敗德，及可數乎。史蘇是占，勿從何益？」

這裡，我們不必做出詳細解說，只能從大的方面談一談史蘇解釋占辭的特點。史蘇認為晉獻公把女兒嫁給秦穆公是不利於晉國。首先他從本卦與之卦的卦象上解說。本卦是《歸妹》，由《兌》與《震》兩個經卦組成的，《兌》下《震》上；從卦象看，是雷在外而澤在內，成了「雷擊澤」。而占筮出來《歸妹》卦的上六是變爻，因此，《歸妹》之卦是《睽》，變成了《兌》下《離》上，卦象變成了火在上而澤在下，是火焚澤。內卦象徵本國，也就是晉國；而外卦象徵秦國。從本卦與之卦的卦象看，都是外損內，對晉國都不利。卦象還顯示出「車說（脫）其輹，火焚其旗」，也是不吉之象。這顯然是取象以解釋卦的。同時，又取爻辭的義來說明，這就是取本卦《歸妹》的上六爻爻辭「女承筐，無實；士刲羊……」，之卦上九爻辭「睽孤……」等，以這樣解說顯然是取義說。其實，這不過是借卦發揮。

史蘇對當時晉、秦的政局及形勢非常清楚，進而以解卦方式說出對晉國嫁女給秦國一事的看法。後來結局證實了史蘇的話，這並不是占卦有什麼預測神效。韓簡說得十分明白：「龜，象也；筮，數也。物生而後有象，象而後有滋，滋而後有數。先君之敗德，及可數乎，史蘇是占，勿從何益。」他看出所謂的象與數，都是與事物有聯繫的，有事物才有象，物象繁多，產生了數。但決定了晉國歷史的結局，是「先君之敗德」，這才是關鍵。也就是說，決定歷史結局的是人事作為，是「德」，而不是象與數。從根本上說，先有事物，後有象與數。

先秦史官中有的人以《易》解釋歷史，拘泥於象與數，是會造成謬誤。但這裡從另一角度說明了是人事決定歷史的變動。據《國語・晉語四》的記載，晉國公子重耳（也就是後來的五霸之一的晉文公），想依靠秦國的幫助，去奪取政權。這一件事他拿不定主意，卜了一卦，「得貞《屯》、悔《豫》」。筮史占之，皆曰「不吉」，是因為從卦象上看，「閉而不通」。但是司空季子從另一角度解釋本卦與之卦的卦象，認為是「吉」。同時，他強調「一夫之行，眾順而有武威」，因此是「居樂出威之謂也」。這同樣是借著說卦，強調在歷史發展中人事的作用。

——透過解說《周易》，以宣揚道德觀念。據《左傳・襄公九年》記載，魯成公母親穆姜，與叔孫僑如私通，成公十六年，兩人合謀廢成公，事敗。叔孫僑如奔往齊國，穆姜被遷往東宮時，為了判斷吉凶「始往筮之，遇《艮》之八」。對這卦象，史官的解釋：「是謂《艮》之《隨》，君必速出。」勸穆姜趕快出走，但穆姜從《隨》卦的卦辭「隨，元亨利貞，無咎」，認為自己必死於此❸。根據是「元亨利貞」是四德，四德的內涵是：元，體之長也（按，《乾》之四德的「元亨利貞」中的「元」，其意思原為：「元者，善之長也」；亨，嘉之會也；利，義之和也；貞，事之幹也）。穆姜說，具有四德的人，才可以無咎，而自己是一德也不具備，所以一定要死的。

魯史只是形式上來解《周易》。但歷史記載了這件事，由解說《周易》，來宣傳一種道德觀念，同樣宣傳了重人事的思想。吉與凶，是人事決定的。

從總體上說，先秦史官是通《周易》的，他們不少人結合現實，以《易》的通變思想的辯證的思維方式，來思考歷史、現實的運動趨向，進而干預政治，他們在政治舞臺上相當活躍。中國古代史官觀察歷史，關心現實，以《周易》的通變思想，思考未來，逐漸成為中國史學上的優良傳統。但我們也看到，史官也有高下之分，有的史官脫離現實，拘泥於從象數上說《易》，進而預言歷史未來，製造種種迷霧、謬誤，顯示這些人在思想上是個低能兒。史學受到易學的不同影響，再加上其它因素，形成了兩種傳統和古代史學二重性的特徵。這在後面我們還要詳細論說。

【註　釋】

❶ 胡樸安的《易製器尚象說》（《國學論衡》第七期），說明卦象與聖人發明的關係。可備一說。

❷ 白壽彝：《中國史學史》第一冊，上海人民出版社，一九八六年版，第三一三頁。

❸ 穆姜對自己行事，做出這樣判斷，說：「今我婦人而與亂，固在下位，而有不仁，不可謂『元』：不靖國家，不可謂『亨』；作而害身，不可謂『利』；棄位而姣，不可謂貞。有四德者，隨而無咎：我皆無之，豈隨也哉。我則取惡，能無咎乎！必死於此，弗得出矣。」

第三章　司馬遷的易學與史學

西漢司馬遷寫出千古絕唱的《史記》，無論在史學思想上，還是在歷史編纂學上，都是偉大的創造，標誌著中國古代史學進入到一個新的發展階段。

在司馬遷史學思想中，易學占有十分重要的地位。可以說，對司馬遷的易學成就不了解，對司馬遷的史學也就不可能有深入的認識；反過來也可以說，離開了司馬遷的史學，對司馬遷的易學特點，也不可能有全面的了解，對西漢前期的易學特點，也不可能有較好的認識。

一、司馬遷的家學與易學淵源

易學及道家學術中的辯證法因素是通變思想，成為司馬遷史學思想的核心，易學是司馬遷史學的哲理基礎。

易學是司馬遷的家學淵源之一。司馬遷在《太史公自序》中說：

太史公學天官於唐都，受《易》於楊何，習道論於黃子。

這裡的「太史公」是司馬遷的父親司馬談。因此，司馬遷的家學是三個部分組成的，一是天官學，二是楊何的易學，三是黃子的道論。而天官學、易學以及道論，都是最富有辯證法的思想。

司馬談臨死前，希望兒子司馬遷能完成自己未竟之業，司馬遷淚水滿面地向父親表示，一定要完成父親的事業，「請悉論先人所次舊聞，弗敢闕」。司馬遷回憶父親臨終前的囑托，「先人有言：『自周公卒五百歲而有孔子。孔子卒後至於今五百歲，有能紹明世，正《易傳》，繼《春秋》，本《詩》、《書》、《禮樂》之際？』意在斯乎！意在斯乎！小子何敢讓焉。」在這裡，司馬談是把「正《易》傳」放在遺願中的首要位置上，交給司馬遷的。司馬遷也決心實現父親的遺願。司馬遷雖沒有專門的「正《易》傳」的著作，但《史記》充分體現出司馬遷的易學思想的。

從淵源上說，司馬談、司馬遷父子的易學來自楊何，反映出西漢前期的易學特點。據《史記・孔子世家》，孔子以後傳《易》的自商瞿，至楊何是八傳，《漢書・儒林傳》記載是九傳。這裡不作詳細辯論。

漢興，言《易》者，自淄川的田生，「要言《易》者，本之田何。」田何傳四人，這就是王同、周王孫、丁寬和服生。丁寬為一大支，丁寬作《易說》三萬餘言，仍是「訓故舉大誼而已」，治易的路數沒有什麼變化，丁寬傳田王孫，田王孫傳《易》給施讎、孟喜、梁丘賀，這就有了三家之易學。孟喜得《易》家候陰陽災變書，而改師法。

焦延壽稱自己曾從孟喜問《易》，京房受《易》於焦延壽，京房「以明災異得幸」。於是焦、京之學彌漫天下，宣帝、成帝開始，言災異、說天人感應成為學術思潮中的主流，但這是「《易》之別傳」（皮錫瑞語）。

司馬遷的易學來源於楊何，楊何由東武王同子中而上接田何的。《漢書・藝文志》著錄楊何的易學著作是《楊氏》兩篇，其內容無考，但沒有提到他們有什麼改變。可見，無論是從司馬遷的家學看，還是從當時學術思潮上看，其易學還保持了漢初的易學的特點。這就是皮錫瑞說的：「賈董漢初大儒，其說《易》，皆明白正大，主義理，切人事，不言陰陽術數，蓋得《易》之正傳。」❶因此，體現在《史記》中的司馬遷《易》學風格，保持了漢初易學的特點。

但是我們也看到，漢興七十餘年，社會危機相當嚴重，言災異、談天人感應的思潮，正在逐漸形成，司馬遷的老師董仲舒就是言災異的大師，這對司馬遷不能不有影響，因此，《史記》同樣有這種思想的痕跡，司馬遷以《易》論史，也有這樣的烙印，儘管這些不占主導地位。

二、《易大傳》與司馬遷的「一家之言」

《周易》的《繫辭下》說：「天下一致而百慮，同歸而殊途。」這是《周易》思維的一個很重要的表述。郭沫若說《周易》辯證思維的定式有三個，這是第一個辯證思維定式❷。

《史記・太史公自序》記載了司馬談作《六家要指》的動機。司馬談在武帝建元、元封之間任職時，對當時的學術風氣不滿，學者各自學習其師之書，固守己見而惑於所見。因此，他論《六家要指》，以此發明諸子的學術價值。

在《六家要指》開篇說：

> 《易大傳》曰：「天下一致而百慮，同歸而殊途。」夫陰陽、儒、墨、名、法、道德，此務為治者也，直所從言之異路，有省不省耳。

這裡我們看到，《易傳》的思維定式，直接影響到司馬談、司馬遷父子兩代人認識世界、認識學術發展的途徑。《易大傳》這樣的思維定式，在學術史上的意義在於，它論說了各家學說，都有其合理的地方，對社會都有用，只是我們有的理解到，有的還沒有理解到。因此，學術發展的正確的道路，只能是在總結各家學術基礎上，吸收各家之長，從而形成新的學說，以推動學術向前發展。

司馬遷說他寫《史記》的主旨是：「究天人之際，通古今之變，成一家之言。」這個「一家之言」，既不是陰陽家、儒家、墨家、名家、法家，也不是道家，而是在總結各家之長的基礎上，形成新的一家。他沒有明確說明他的「一家之言」是哪一家，但可以明確的是，司馬遷要「成」自己的「一家」，歸納不到以前各家的任何一家中去，我們可以把它稱之為「史家」，應該說，「史」之成家，始自司馬遷。

我們可以回顧一下從春秋戰國到漢武帝的學術變化大勢，對我們理解司馬談、司馬遷的思想是有幫助的。春秋戰國到漢武帝，學術從百家爭鳴到學術滙於一，與歷史從分裂到大一統的過程相平行。《莊子・天下篇》說：「百家往而不反，必不合矣。後世之學者，不幸不見天地之純、古人之大體，道術將為天下裂。」這表明了春秋戰國時期出現的百家爭鳴，是歷史必然。

到了戰國中期以後，歷史向著統一的方向發展，學術也出現了滙於一的要求。《荀子・非十二子》說：「上則法舜禹之制，下則法仲尼、子弓之義，以務息十二子之說，如是，則天下之害除，仁人之事畢，聖王之跡著矣。」韓非子反對「兼聽雜學」。雖然，以什麼學說統一各家學術，各有各的看法，各家都希望用自己的學術去統一。但不論怎樣，要求學術滙於一，是大勢所趨。秦始皇宣揚粗淺的皇權天授的思想，用焚書坑儒的暴力辦法，鉗制不同的思想，以求達到思想統一，但隨著大帝國的崩潰，這種學術定於一尊的辦法也宣告破產。

漢興，海內為一，意識形態統一的任務必然提出來。但在西漢前期，叔孫通作禮，文帝好刑名之學，景帝不任儒，竇太后好黃老，一時黃老之學成為新「顯學」。無為而治的政治對學術採取包容的態度。《淮南子》這樣的兼包眾家的著作，應運而生。竇太后死後，儒學抬頭，武安君為丞相，黜黃老、刑名百家言。公孫弘治《春秋》而為丞相、封侯。到了漢武帝時期，大一統帝國在亞洲東部出現了，學術思想的一統成了這個時代的需要。

我們之所以說這些，是為了更好認識司馬遷的學術思想與易學提供的思維方式的關係。漢武帝時，出現兩種學術匯於一的途徑，一是從景帝以後出一種傾向，董仲舒繼之而起，明確提出要「罷黜百家，獨尊儒術」。他向武帝建議，說：「臣愚以為諸不在六藝之科、孔子之術者，皆絕其道，勿使並進。邪辟之說滅息，然後統紀可一而法度可明，民知所從矣。」（《漢書・董仲舒傳》）

和董仲舒不同的是司馬遷父子的主張，也就是前面提到的要在總結各家學術的基礎上，形成新的一家。《易大傳》說的「天下一致而百慮，同歸而殊途」，說明了學術發展的一種規律，不能以一種學術去消滅另一種學術，以一種思想代替各家的思想。百家要歸於一，結論只能是：要在總結百家學術的基礎上，在融會各家的基礎上，吸收各家之長，形成新的一家學說。

司馬談要他的兒子司馬遷完成「正《易傳》」的任務，不是要司馬遷寫新的易學作品，而是以《易傳》的思想去發明、去創造。可以說，《易大傳》是司馬遷寫《史記》的思想基石。沒有《易大傳》的思維方式，司馬遷不可能進行學術大總結，也就不可能寫出一種新思想體系的《史記》。

司馬遷父子兩代完成的學術總結，包括三個方面的總結，這也是《史記》成功的內在根據。

一是對諸子學的總結。《六家要指》集中闡述這方面的意見，《史記》的其他篇目，也有這方面的內容。我們把司馬遷父子對儒、道德家的分析放在後面說。《六家要指》認為對陰陽家要揚棄「使人拘而多畏」的「大祥而眾忌諱」的天人牽強比附的內容；要吸收「序四時之大順」的合理內容。墨家雖然規定苛刻，「儉而難遵」，但他們提倡「強本節用」卻是合理的。法家在執法上「嚴而少恩」，但是對於維持君臣名分，是不可少的。名家「專決於名而失人情」，但要循名責實，名家學說又是很有用的。

關於儒家，其缺點是禮教上的繁瑣，「博而寡要，勞而少功，是以其事難盡從」。但在維持等級禮制上，儒家不可少，而儒家學術還不只是這一方面。要提到的是司馬談在臨終前對儒家《六藝》的分析和對司馬遷的囑托。《六藝》都很重要，其中的《易》與《春秋》尤其是司馬談強調的部分。紹明世，正《易傳》，繼《春秋》，三者作為一個整體，在遺囑中定下來。《史記》中體現了這三個方面的精神。紹明世、正《易傳》與繼《春秋》，三者合為一體，是把歷史和現實結合起來，把寫歷史和對歷史思考結合起來。易學是作史學的哲理，是思維術，《春秋》是作史的大義所在，所謂「《春秋》以道義，撥亂世反之正，莫近於《春秋》」。以此維繫君君臣臣父父子子的名分等級制度；而紹明世，是作史的著眼點，司馬談臨終說：「今漢興，海內一統，明主賢君忠臣死義之士，余為太史而弗論載，廢天下之史文餘甚懼焉。」司馬遷念念不忘父親的遺願，說「余嘗掌其官，廢明聖盛德不載，滅功臣世家賢大夫之業不述，墮先人所言，罪莫大焉。」

比起孔子說的史事、史義、史文三者來說，司馬氏父子把「紹明世、正《易傳》、繼《春秋》」合成一個整體，它既包括《春秋》的史事、史義、史文三者，又更加具體化了，也更豐富了。只是在這樣的思想支配下，史，才能成為一「家」。這正是中國歷史學的優良傳統在當時歷史條件下的發展。

對於道家，司馬氏父子評價最高，用《六家要指》的話來說，是「道家使人精神專一，動合無形，贍足萬物。其為術也，因陰陽之大順，採儒墨之善，撮名法之要，與時遷移，應物變化，立俗施事，無所不宜，指約而宜操，事少而功多」。道家思想高明的地方，是以變化觀念看待世界和學術，但我們也看到，司馬氏並沒有全盤接受先秦道家的學術，對道家的「無為」思想作了揚棄，摒棄了「小國寡民」及「絕聖棄智」等思想。

總之，《史記》對諸子學說的總結，歸結為以下幾點：

1.從道家、易學中吸收了觀察歷史的富有辯證法因素的思想；

2.從儒家、名家中得到維持名分等級的理念；

3.從墨家、陰陽家中尋找到安邦治國的原則。

司馬遷是對《春秋》等各類先秦史書進行總結。《太史公自序》對《春秋》作了詳盡的分析，特別強調孔子的《春秋》對於透過褒善貶惡，在維持等級名分制度上的重大作用。《十二諸侯年表》的《序》提到的史書還有《鐸氏微》及《虞氏春秋》、《呂氏春秋》等。但司馬遷對這些史書不滿意，在於這類史書沒有寫出整個史的過程，不務綜其終始，這樣文辭簡略的作品，難以使人觀察歷史的興衰大旨。

漢興七十餘年，朝廷搜集到大量圖書，太史公可以看到這些書籍。在《六藝》、《左傳》、《國語》之外，還有《五帝德》、《帝系姓》、《歷譜牒》、《終始五德》、《禹本紀》、《秦記》和《山海經》等。這些書作為史書是不合格的，但對於寫史書是很有用處的，可以吸收的一是歷史材料，二是各種作品編纂上的經驗。《史記》的本紀、世家、列傳、書、年表的五種體例，是在總結前人著述經驗的基礎上形成的。

另外，司馬遷從天官書和天象觀察上得到啟發，他否定了「星氣之書」宣傳「機祥」的思想，卻從天體的變化中得到天人關係的思考，得到了世界在變，一切事物在變的「變」的觀念，這更強化易學通變的觀念。

從上面所說，可以看出，司馬遷的總結，既吸收了前人的思想成果，又對各種思想資料作出了揚棄，完成了他提出著史的任務，就是：究天人之際，通古今之變，成一家之言。

《易大傳》是他創作的指導思想，是他總結前人學術思想的思維途徑，是「成一家之言」的思想基礎；沒有《易大傳》的思維定式，司馬遷不可能作出那樣的總結。

三、通古今之變的歷史盛衰觀

《周易》最重要的思想是「變」，如《太史公自序》所說的，「《易》著天地陰陽四時五行，故長於變」、「《易》以道化」。

「道有變動，故曰爻」，「爻象動乎內，吉凶見乎外」，（《繫辭下》）《周易》的最基本元素是爻，既就蘊著「變」。由爻而卦，由八卦而六十四卦，而三百八十四爻。整個《周易》體系便是變動的體系。《周易》談卦變、爻變，一卦有下卦、上卦，上下卦各爻之間相互聯繫、相互作用，在相互聯繫相互作用中發生變化。卜筮有本卦到之卦的變，卦體的六爻又可以變。因此，在易學上，就有位應說、往來說、承乘說以及互體說等等。

《周易》八卦到六十四卦、三百八十四爻，都是在變化之中，各種變化又是相互制約、相互作用、相互聯繫的，因此，變化又是有條件的。吉凶、得失、否泰、損益、行止、成敗，都是與爻所在的卦體、爻位有關；與上下卦體、上下爻、隔位爻的作用、牽制有關。變化中講條件的思想，是道家談變的思想所不具備的。

變與通相連，是變通的思想，這是我們民族在思想史上的貢獻。社會與自然都在變通之中，世界由於變化才能有成，才能久恆。「觀乎天文，以察時變；觀乎人文，以化成天下。」（《賁・彖》）「日月得天而能久照，四時變化而能久成，聖人久於其道而天下化成。觀其所恆，而天地萬物之情可見矣。」（《恆・彖》）「天地革而四時成，湯武革命，順乎天而應乎人。」（《革・彖》）「日中則昃，月盈則食，天地盈虛，與時消息，而況於人乎？況於鬼神乎？」（《豐・彖》）《繫辭》的上下篇，簡直是一部「變通論」。

《繫辭上》：

廣大配天地，變通配四時，陰陽之義配日月，《易》簡之善配至德。

參伍以變，錯綜其數，通其變，遂成天下之文；極其數，遂定天下之象。

是故法象莫大乎天地，變通莫大乎四時，懸象著明莫大乎日月，崇高莫大乎富貴。

是故形而上者，謂之道；形而下者，謂之器。化而裁之，謂之變；推而行之，謂之通；舉而錯之天下之民，謂之事業。

極天下之賾者，存乎卦；鼓天下之動者，存乎辭；化而裁之，存乎變；推而行之，存乎通；神而明之，存乎其人……

《繫辭下》：

剛柔者，立本者也；變通者，趣時者也。

神農氏沒，黃帝、堯、舜氏作，通其變，使民不倦；神而化之，使民宜之。

> 《易》窮則變，變則通，通則久，是以自天祐之，吉無不利。
>
> ……

可以從不同角度，對《周易》的通變思想作出不同闡釋，這裡不能作出詳盡的討論，重要的是，通變思想對於觀察歷史的意義。社會歷史和自然事物一樣，都是在不斷運動中，如同自然日月一樣，消息盈虛變動，呈現出盛衰的變動。《周易》說明了在社會變動中，人事作用在社會發展中非常重要。提出「容保民無疆」（《臨・象》）、「振民育德」（《蠱・象》）、「容民畜眾」（《師・象》）等。我們先祖黃帝、堯、舜以通變思想治理社會，是成功的範例。

司馬遷的《史記》以《易大傳》的通變思想，觀察社會與歷史，提出深刻的歷史見解，成為千古名作。

——司馬遷把歷史作為一個變動的過程把握，強調綜其終始認識歷史的完整的過程——「綜其終始，稽其成敗興壞之理」。歷史過程不是平靜的過程，自始至終都是變動。《史記》一個重要特色是把歷史作為一個興衰的完整過程把握。《殷本紀》寫湯以後的歷史是這樣一種變動：湯「興」，到雍己後是「衰」、「復興」、「衰」、「復興」……「衰」、「復興」、「衰」、「益衰」、「亡」。《秦本紀》、《秦始皇本紀》作為一個整體，寫出了秦從諸侯國到一統天下的過程。把秦起於襄公，章於文（公）、繆（公）、獻（公）、孝（公），到蠶食六國，寫出秦統一六國的百餘載的歷史。把從秦統一到二世自殺，子嬰為項羽所滅這樣的全過程展示出來。

——司馬遷把「盛」與「衰」作為兩個相互聯繫的方面來看待。《史記・平準書》說「物盛而衰，固其變」，與《周易》的通變思想一致，在於理解到盛衰變動是受到各種條件的制約。

春秋戰國時期有三種盛衰聯結在一起。一是周室衰微與諸侯國的興盛相互聯結，諸侯國強大，以至於把周天子放在一邊，「興師不請天子」。二是齊晉秦楚之間的爭霸，各國的興衰交織在一起。三是秦的強大與其它諸侯國的衰落，互相關聯。《十二諸侯年表》在實際上，是把各諸侯國的興衰看作一個相互聯繫、相互影響、相互制約的過程。而諸侯國的興衰和周王朝的興衰，又是相互影響、相互作用。

司馬遷在《平準書》中寫漢興七十年歷史，給我們展示這樣的場景：經過七十餘年的休養生息，武帝時期的社會是盛世景象，倉庫的糧食吃不完，都變了質，府庫的錢很多很多，穿錢幣的繩索斷了，錢幣散了一地。但這不過是表面繁榮。盛世之下又埋伏著巨大的危機，貧富不均，土地集中，賦稅繁重。盛與衰相聯，盛中有衰，衰也可復興。《史記》說的「見盛觀衰」，就是這層意思。歷史上，秦統一天下是這樣，項羽西向入關也是這樣，漢武帝時代也是這樣。

——興衰變動是人事作用。《史記》講歷史興衰，不是歸之天意，著重從人事上著眼尋找造成歷史變動的動因。《史記》寫歷史變動，突出人事作用，這種人事作用體現為三個方面，即人謀、征戰、政事。《高祖本紀》寫漢興的過程，述劉邦只是一條線索，突出的是張良的「謀」、蕭何的「事」與韓信、曹參的「戰」。劉邦也承認自己得天下，是用了這三個人。時人也看得很清楚，「夫高祖起於細微，定海內，謀計用兵，可謂盡之矣」（《史記・劉敬叔孫通列傳》）。

司馬遷還把賢相良將的人謀、政事、征戰的作用與民心結合起來，論人事的作用。漢代賈誼評論秦亡漢興，有一段話，說：「故先王見始終之變，知存亡之機，是以牧民之道，務在安之而已。」司馬遷很欣賞賈誼的見解，採用賈誼的《過秦論》作為「太史公曰」的內容（《史記・秦始皇本紀》）。

——揭示財富在社會歷史中的意義。司馬遷以為追逐財富的情性，造成了一種歷史運動的「道」。他說：

故待農而食之，虞而出之，工而成之，商而通之。此寧有政教發徵期會哉？人各任其能，竭其力，以得所欲。故物賤之徵貴，貴之徵賤，各勸其業，樂其事，若水之趨下，日夜無休時，不召而自來，不求而民出之，豈非道之所符，而自然之驗邪？（《史記・貨殖列傳》）

司馬遷把人們追逐財富造成的歷史運動的自然趨向，稱之為「道」，對歷史發展，提出獨到的見解。

司馬遷的歷史運動觀，也就是他的「通古今之變」思想，不但在主要表述上是來自

《周易》；而且對歷史興衰變動的思考，闡發的盛衰相互關聯以及重視人事作為的思想，都和《周易》的變通觀一致。可以說《史記》運用了《周易》的通變思想並且又有自己的獨到思考。特別要重視的是，司馬遷對道家的有關「道」的論述進行了改造，糅進到歷史運動觀中去。

一是把經濟因素作為「道」的內涵，認為是人們追逐財富的情性，造成歷史運動的自然趨向；二是認為社會變化、自然變動，都是一種盛衰的變動，盛衰變動相互關聯，又是有條件的；三是重視人事作為，而不是提倡無為之治。

四、承弊易變的社會變革觀

《史記》的《貨殖列傳》的「太史公曰」說：「是以物盛則衰，時極而轉，一質一文，終始之變。」又說：「湯武承弊易變，使民不倦，各兢兢所以為治，而稍陵遲衰微」。這兩段話，司馬遷集中表達了他的社會變革觀。概括起來，歷史變革與歷史的盛衰變動聯繫在一起；社會變革的重要原則是「承弊易變，使民不倦」，也是變革的目的。

司馬遷的變革思想是《周易》變通思想的運用，前引《易・繫辭下》說：「剛柔者，立本者也；變通者，趣時者也。」又說：「神農氏沒，黃帝、堯、舜氏作，通其變，使民不倦，神而化之，使民宜之。《易》窮則變，變則通，通則久，是以自天祐之，吉無不利。」把這幾段話聯繫起來，可以看出，司馬遷發揮了「《易》窮則變，變則通，通則久」的「窮則變」的思想並運用到社會上，闡發了「承弊易變」的認識；把「神農氏沒，黃帝、堯、舜氏作，通其變，使民不倦」的提法，結合可以考信的歷史，改成「湯武承弊易變，使民不倦」，從而構成他的社會變革思想體系。

「承弊易變」與通變思想的一致性，在於強調了「變」是事物發展的必然。事物發展的「窮」的境地，也就是到了「極」的地步、「弊」到了頂點的階段，此時，只有「變」才可以使事物向前發展，才是事物永恆之道，才可以「使民不倦」，社會得以安定、興盛。同時，也表明了社會變革的目標是「使民不倦」。

但司馬遷提出的「承弊易變」觀，又發展了《周易》的通變思想，在於它表明了在社會變化過程中，人在社會中的作用，人們能夠順應歷史去行動，「承弊易變」。

《史記》寫歷史上許多變革，如秦之由余變革，商鞅變法，齊國的管仲變革，楚國的吳起變法，魏國李悝盡地力之教，趙武靈王的胡服騎射，燕昭王的新政，越王勾踐的圖強等。這些變革成功的地方，歸納起來，都是承弊易變，因弊而變。《史記》寫這些改革是非常成功的。

應當特別指出的是，秦亡漢興、兩漢思想家議論的重點，也是司馬遷改革觀的體現。司馬遷總結秦亡漢興的經驗教訓，其中最重要的一點，是秦在統一天下之後，不能根據形勢進行變革。攻天下與守天下應當有不同的措施，不同的政策，這就是賈誼說的「攻守之勢異也」。秦與六國爭天下和秦滅六國後，面臨的問題不一樣。秦既得天下之後，百姓需要休養生息，「士民疲敝」，「元元之民冀得安其性命，莫不虛心而仰上，當此之時，守威定功、安危之本在於此矣」。承弊易變是當務之急，但這個千古一帝卻是「過而不改，二世受之，因而不改，暴虐以重禍。子嬰孤立無援，危弱無輔。三主不悟，亡，不亦宜乎？」

秦始皇及其繼承者，三代人都不明白改革的重要，不能改弦更張，反而加重百姓的負擔，所以，「亡，不亦宜乎？」在《史記・平準書》中，司馬遷在「太史公曰」裡寫出他的思考，說秦統一後，「……於是外攘夷狄，內興功業，海內之士力耕不足糧餉，女子紡績不足衣服。古者嘗竭天下之資財以奉其上，猶自以為不足也。無異故雲，事勢之流，相激使然，曷足怪焉。」

同樣，漢經過七十年到了漢武帝，表面繁榮的社會下面卻是危機重重，盛世中顯示出衰敗的徵兆，豪強橫行於鄉里，武斷於鄉曲，統治階級奢侈無度，弊政極其嚴重。社會必須進行改革，「物盛而衰，固其變也」。

可以說，司馬遷的《史記》以承弊易變的思想，看待社會的變革，而《史記》寫變革，又為《周易》的承弊易變的觀點，提供了歷史事實的支撐。易學與史學有機地融化成為一個整體，不了解《周易》，很難理解《史記》思想的精髓。讀一讀《史記》對於理解《周易》的思想，很有幫助。

漢《易》變化並不是突然發生的，它有一個過程，這在《史記》上也能看出一些苗頭。《高祖本紀》開篇寫劉邦出生，是他母親「嘗息大澤之陂，夢與神遇。是時雷電晦冥，太公往視，則見蛟龍於其上，已而有身，遂產高祖」。劉邦為泗水亭長，是個無賴，好酒及色，喝醉酒「其上常有龍」等。張守節《史記正義》引《河圖》作出詮釋，無論這是否出自司馬遷筆下，但可以看出易緯及卦氣說的痕跡。《史記·楚元王世家》等篇目都能看出漢《易》變化留下的印痕，在《史記》中似乎是不和諧的音符，而聯繫到時代思潮的變化，還是可理解的。

【註　釋】

❶《經學通論》卷一，中華書局，一九五四年版，第十八頁。

❷《郭沫若全集》第一冊，人民出版社，一九八二年版，第七十六頁。

第四章　漢《易》與《漢書》

談到漢代《易》學對史學的影響，不能不談漢代經學的變化。具體說到西漢經學的流派情況是：《易》有施、孟、梁丘及京房，民間有費、高二家；《書》有歐陽、大、小夏侯；《詩》有魯申公為《詩》訓詁，而齊轅固、燕韓生，「皆為之傳」。未立入學官者，為毛公之學。《禮》有大、小戴。《春秋》有左丘明，雖有劉歆的努力，但終未立於官。《公羊》、《穀梁》立於學官。

光武更立十四博士。除《詩》外，所謂十四博士，並非在學術淵源上有什麼嚴格的差異，皮錫瑞在《經學歷史》中說各家之分，是分所不必分，立所不當立。「自武帝立《五經》博士，開弟子員，設科射策，勸以官祿，訖於元始，百有餘年，傳業者浸盛，支葉蕃滋，一經說至百餘萬言，大師從至千餘人，蓋祿利之路然也」（《漢書》卷八十八《儒林傳．贊》）。

在中國古代社會，學術與政治往往是糾纏在一起的，離開政治背景，學術也成不了氣候。學術人物沉浮又與政治鬥爭起伏瓜葛相連。這就是西漢中後期的學術景觀。

東漢今文經學發生了從盛到衰的變化。從漢光武帝宣布圖讖於天下，到章帝建初四年（七九年）的白虎觀會議，是達到了極盛時期，讖緯與易學、史學相互交織，儒學走向神壇，但這又是它走向衰微的開始。與其他事物一樣，今文經學發展到極點，其嬗變也是不可免的。此後，「章句漸疏，而以浮華相尚，儒者之風蓋衰矣」。黨錮之禍，又是一次打擊。東漢後期，賈逵、馬融、服虔等一批大師，傳古文經，聲勢很大，雖未立於學官，但其影響在今文經學之上。馬融弟子鄭玄會通今古文經，成為漢朝經學的集大成者，「括囊大典，網羅眾家，刪裁繁誣，刊改漏失，自是學者略知所歸」（《後漢書》卷三十五《鄭玄傳》）。

就易學來說，漢初言《易》，自淄川田何。傳《易》中丁寬、楊何是關鍵人物。丁寬受《易》於田何，頗得其精。其易學特點是「訓故舉大誼而已」。丁寬在學成回歸故里時，田何欣喜地說：「《易》以東矣。」由丁寬而田王孫，田王孫又是一個關節人物，由田王孫再傳而有施讎、孟喜、梁丘賀。孟喜改師法，這裡要特別注意「改師法」三個字。孟喜作了一番宣傳：編出一個自田氏得《易》的故事。史書說他「好自稱譽，得《易》家候陰陽災變書」。這兩句話還是實情，「好自稱譽」，如果不從貶義上理解，是說他用大氣力來宣傳自己的體系。

說孟喜是「得《易》家候陰陽災變書」，也不完全是造謠，他的一套理論與陰陽災變說相通。焦延壽自稱從孟喜問《易》，由焦延壽而京房，京房《易》說卦氣、說陰陽災異，成為《易》之大宗，影響了包括史學在內的整個的漢代學術文化。劉向校書時說，諸家之易都是田何、楊何、丁寬這個系統下來的，「大誼略同」，但是京房就不同了，「惟京氏為異」。

如果再具體一點，那麼施讎下有張（禹）、彭（宣）之學，孟喜下有翟（牧）、白（光）之學。梁丘賀接近施讎，梁丘賀傳子臨、五鹿充宗而後有士孫（張）、鄧（彭祖）、衡（咸）之學。一些易學的領袖人物都是很有來頭的，如丁寬等人，在政治上都有顯赫的地位。雖然有的人物如京房在統治者鬥爭中成為犧牲品，但他們在政壇上影響力很大。憑借政治權勢，易學流派特別中後期的論災異的孟、京之《易》，成為一股強大思潮，立於學官。

東漢後期，社會危機加深，災異說不斷受到批判，費氏《易》逐漸形成治《易》的熱門。費氏《易》的特點是「長於卦筮，亡章句，徒以《彖》、《象》、《繫辭》十篇文言解說上下《經》」。另外還有高氏易。高相治《易》的學風是「其學亦無章句，專說陰陽災異，自言出於丁將軍」。但高氏《易》，亦沒有立於學官。以後，王弼能一掃象數，也是學術史發展的趨勢所決定的。

總之，西漢到了武帝，今文經學宣傳大一統的主張和皇權神授的思想，適應了封建王朝的需要，在兩漢社會中成為占統治地位的意識形態。孟、京易學、讖緯災異理論與今文經學糾纏在一起❶，匯成一股思潮，影響社會生活的各個方面。今文經學雖不等同於讖緯學說，但兩者聯結在一起，成為社會思潮中的主流。包括易學、史學在內的整個漢代文化，都在這個大思潮湧動中發生變化。

一、《易》為經籍之原

《漢書》作者班固（三二—九二）的父親班彪寫《王命論》，中心思想是「以為漢承堯運，有靈命之符，王者興祚，非詐力所致」，同時他也從劉邦知人善任等方面討論漢朝興起的原因，既講神意也說人事。班固參加白虎觀會議，是《白虎通德論》的編者；但他同時又是古文經學者。

他的一生經歷大起大落，相當坎坷，最後被殺害。班固能面對現實，寫出的《漢書》是一部實錄式的史著，但又和他父親一樣，有意用神意解說漢朝發家史是「漢紹堯運」，接續帝堯的統治，是天意要劉邦代秦而有天下。班固史學呈現出二重性的特點，《漢書》能成為歷代正史的範本，就在於這種二重性史書適合封建統治者的需要。他的易學體現在他的史學中，漢易在《漢書》上打上深深的時代印記。

《易》的尊崇地位的確立，班固是立了功的。他的《漢書‧藝文志》是在劉向、劉歆的《七略》的基礎上寫就的。《藝文志》在正史的目錄的文獻中，把《易》放在首要的地位上，並且又把施、孟、梁丘的《易》放在首要地位，而京房《易》地位突出。這很能說明班固的易學傾向。

班固寫《漢書・藝文志》，比較六藝之間關係，在總論《六藝》的淵源流變後，把《易》提高到六經的首要地位，說：

> 六藝之文，《樂》以和神，仁之表也；《詩》以正言，義之用也；《禮》以明體，明者著見，故無訓也；《書》以廣聽，知之術也；《春秋》以斷事，信之符也。五者，蓋五常之道，相須而備，而《易》為之原。故曰：「《易》不可見，則乾坤或幾乎息矣」，言與天地為終始也（《漢書》卷三十《藝文志》）。

如果和司馬遷在《太史公自序》中論《六藝》的文字比較一下，就可以看出在《六經》中，班固把《易》放在最重要的位置上。

班固批評司馬遷父子「論大道則先黃老而後《六經》」；在《六經》中，《易》沒有放在首位。班固把《易》放到《六經》的首要地位上，並且認為在六藝之中，《樂》、《詩》、《禮》、《書》及《春秋》五者，「相需而備」，即五常之道，仍然是「《易》為之原」、「『《易》不可見，則乾坤或幾乎息矣』，言與天地為終始也」。他指出《易》之理貫穿天地宇宙終始，為闡發《易》理的重要性立下了根據。

在此之前，如揚雄談到《易》為六藝之首一類話，「以為經莫大於《易》」（《漢書》卷五十七《揚雄傳》），但是沒有班固這樣周密的論說。班固在《漢書》中對文獻的著錄，明確地以《易》為六藝之原，而且只有「《易》與天地為終始」，這就把《易》抬到六藝的首要位置上，對確立《易》的重要地位，有深遠的影響。

《藝文志》進而論述諸子與六經的關係，班氏指出諸子是《六藝》的「支」與「流裔」。原話是這樣說的：

諸子十家，其可觀者九家而已。皆起於王道既微，諸侯力政，時君世主，好惡殊方，是以九家之術蜂出並作……《易》曰：「天下同歸而殊途，一致而百慮。」今異家者各推所長，窮知究慮，以明其指，雖有蔽短，合其要歸，亦《六經》之支與流裔。

我們再把班固論諸子與司馬談論「六家」做個比較，可以看出學術旨趣之差異。司馬氏論諸子是說各家有長也有短，只有吸收各家之長，才能成一家之言。班固則認定諸子十家（可以稱道的是九家），是《六經》的分支與流裔，而不是強調「成一家之言」。

這些我們暫不置論，但明顯的是，班固把《六經》作為諸子的源，而在《六經》中，《易》又為之「原」。《漢志》論學術淵源變化，反映出來通變的思想，是以《易》為經籍之源，乃至諸子之源來把握的。他的辨章學術，考鏡源流，是建立在《易》學基礎之上的。在談到班固的學術思想時，我們要十分注意的這一基本觀點。

《漢書》的《藝文志》各類書籍的序錄，大量是以《易》理論源流。

——論《易》。班氏談《易》，從伏羲仰觀俯察說起，指出：《易》之一書是「人更三聖，世歷三古。及秦燔書，而《易》為筮卜之事，傳者不絕。漢興，田何傳之。訖於宣、元，有施、孟、梁丘、京氏列於學官，而民間費、高二家之說……惟費氏經與古文同」。

——論《書》。班固謂：「《易》曰：『河出《圖》，洛出《書》，聖人則之』。故《書》之所起遠矣。」因此，《書》與《易》有緊密的聯繫。

——論《禮》。班固說：「《易》曰：『有夫婦父子君臣上下，禮義有所錯。』而帝王質文世有損益，至周曲為之防，事為之制」，這是以《序卦》文辭來闡釋的。禮的產生合乎《易》的精神。

——論《樂》。「《易》曰：『先王作樂崇德，殷薦之上帝，以享祖考。』故自黃帝下至三代，樂各有名。」是以《豫》卦象辭來說《樂》之起源。

——談到「小學」類。以《易・繫辭》來論淵源：《易》曰：「上古結繩以治，後世聖人易之以書契，百官以治，萬民以察……」

班固論諸子，認為儒家出於司徒之官，道家出於史官，陰陽家出於羲和之官，法家出於理官，名家出於禮官，墨家出於清廟之守，縱橫家出於行人之官，雜家出於議官，農家出於農稷之官，小說家出於稗官。這就是「諸子出於王官論」。

近代以來對諸子是否出於王官的問題爭論不休。這裡我們不作辯論，但諸子出於王官，其用意無非是，第一，說明了學術起於實際，社會生活有不同實際內容，便產生不同的學術。第二，掌管這些學術又是不同官府部門的職能。推而廣之，也可以說，六經也與王官有關。《六經》是源，而《易》在《六經》中，又是「為之源」。總之，班固在論學術淵源時，十分強調《易》學精神，重視《易》的思想價值。

在兵略、數術、方伎各略中，仍是以《易》理評論各類著作的精神。例如，關於兵家，他以《易‧繫辭下》論兵書之用；關於數術類中的天文文獻，則以《賁卦》之彖辭「觀乎天文，以察時變」，論天文與人事關係；蓍龜類文獻以《繫辭上》及《蒙》卦卦辭論說蓍龜之意義；在雜占類著作中，以《繫辭下》論雜占之應驗與人事關係。《易》是學術之「原」。

在《易》的十三家、二百九十四篇中，《漢志》首列施、孟、梁丘三家的十二篇，其次才列大小夏侯《經》和歐陽的《章句》。這和實際的學術淵源不相符合，但卻體現班氏的思想傾向。

班固的史學對確立易學崇高地位、界定易學內涵（如關於「人更三聖、世歷三古」說，文王重卦、孔子作《彖》、《象》、《繫辭》、《文言》、《序卦》的觀點；關於《河圖》、《洛書》說，等，這些不是本書所討論的範圍）是有著重要作用的；同時，易學對班固的史學產生重要的影響。就主要方面來說，一是以漢《易》來解說歷史。二是在論說學術史的淵源流變中，顯示出的易學的通變思想。這些集中體現在《漢書》的《五行志》與《藝文志》中。《漢書》其它地方也能看出易學對史學影響的痕跡。求實的思考與神意的曲說，扭合在一起。

京房《易傳》（京房的《易占》，已經散失，但在《漢書》中，還保留幾十條《易占》材料），在《漢書》的《五行志》中是主要內容。京房《易》以及董仲舒和劉向、劉歆的思想是《五行志》解釋歷史的主導思想，下面一節我們要詳細分析。這是一個方面，另一方面，古代《易》學通變思想反映在班固史學中，相當明顯。可以說，《漢書・藝文志》論源流學術精神是建立在易學的通變思想基礎之上。如果說，司馬遷論歷史盛衰上的通古今之變的追求，最富有《易》的通變理念，那麼，班固的《漢書》論學術淵源變化，最富有《易》的通變思想的意蘊。

總之，《漢書・藝文志》的辨章學術、考鏡源流的特點來源於《周易》的通變觀，而解說歷史的運動卻體現出漢《易》的天人感應的思想特徵。

二、《漢書・五行志》與京房《易》

這裡我們不是討論易學發展史，而是要分析易學變化怎樣影響史家的歷史思維。談到漢代史學思想，不可避免要討論漢代孟、京《易》對當時人們思考社會歷史產生的影響。應當說明一點，對古代一種神秘的思潮，既要看到它帶來的負面的影響，同時也要剝去那種糟粕、那種神秘的外衣，注意到其思維定式（借用郭沫若在《中國古代社會研究》的提法）中的相互聯繫的思想。

孟喜的卦氣說是以六十四卦和一年的四時、十二月、二十四節氣以及七十二候相配合構成一個大系統。（清人惠棟製出《十二消息圖》）京房以八宮卦編排圖式把自然的變化作為一個大系統。在這個大系統中，陰陽的變化、發展聯繫在一起；自然變化規則與社會等級禮治相關聯。這個天人聯繫的編排，一方面論定了社會等級社會禮制與自然運行是一種先驗的秩序，用自然天象變化的必然性說明封建社會等級制度的合理性。

孟喜以辟（君）、公、侯、卿、大夫與十二辟卦相配，中心思想是論證封建禮制是綱，是統率。這是其一。

其二，社會人事、自然的變動都有一個盛衰的變化過程。十二辟卦從復（䷗）、臨（䷒）、泰（䷊）、大壯（䷡）、夬（䷪）、乾（䷀）再到姤（䷫）、遯（䷠）、否（䷋）、觀（䷓）、剝（䷖）、坤（䷁）。由一陽生，到乾的六爻為陽，這是陽盛已極。此後便是姤的一陰生，到坤的六爻為陰，是為陰已至極的地步。可以說這是把盛衰的變化、盛極必衰的思想具體化、形象化。

如果說孟喜的卦氣說中運動循環論十分明顯，那麼，在京房的八宮編排中的運動變化情形就較為複雜，八宮卦中八純卦以乾、坤為父母，各統三男（震、坎、艮）、三女（巽、離、兌）；八純為上世，以下則是二世、三世、四世、五世、游魂、歸魂。一世二世為地易，三世四世為人易，五世八純為天易，游魂、歸魂為鬼易。這樣就將天、地、人、鬼構成一個天人合一的大系統。

從上世到一世、二世、三世、四世、五世，可以看成是一個漸變，如乾宮，從乾、姤、遁、否、觀、到剝，這是從一陰出到五陰生。從五世到游魂不是簡單地回歸到一世，而是發生新的變化。五世為剝，而游魂卦為晉（☲☷）「陰陽返復，進退不居，精粹氣純」。歸魂卦為大有（☲☰）「卦復本宮曰大有，內象見乾為本位」。這就是說一個事物變化到了極點，不是簡單地作循環的運動復歸本位。

其次，京房的飛伏說是指卦、爻象都存在互為飛伏，乾卦（☰）可見為飛，但在乾卦後有不可見的坤（☷），為伏「乾，純陽用事，象配天，屬金，與坤為飛伏」。爻象也是如此，坤之初六與乾之初九為飛伏。在坤之上六爻，「龍戰於野，其血玄黃」，是這樣解釋的：「陰中有陽，氣積萬象，故曰陰中陰，陰陽二氣，天地相接，天地相接，人事吉凶見乎象。易者，變也，陰極則陽來，陰消則陽長，衰則退，盛則戰。《易》云：上六，龍戰於野，其血玄黃。」拋開其神秘的一面，可以看出其中包括了盛衰相互連接、見盛觀衰的思想在內。

上述引文見《漢魏叢書・京房易傳》卷上、卷中。

西漢前期，易學還保持先秦易學的傳統，即言人事，重義理。但到西漢的中期，易學經孟喜、焦延壽，特別是京房，易學不但改變了師法，而且成了異說。這種易學發展的傾向，用皮錫瑞在《經學通論》的話來說，是「易學之別傳」。而班固在《漢書》卻把「別傳」作「正傳」。《五行志》在《漢書》中是分量最大的《志》，這很可以體現出《漢書》的學術興趣所在。

在《五行志》中，班固對於《河圖》、《洛書》說，加以系統神學化，把它和《洪範》篇緊密地聯成一個整體。

《漢書・五行志》開篇說到《河圖》與《洛書》的來源，這就為以圖象之理，解說歷史，奠定歷史的和理論的依據。《五行志》說：

> 《易》曰：「天垂象，見吉凶，聖人象之；河出《圖》，洛出《書》，聖人則之。」劉歆以為伏羲氏繼天而王，受《河圖》，則而畫之，八卦是也；禹治洪水，賜《洛書》，法而陳之，《洪範》是也。聖人行其道而寶其真。降及於殷，箕子在父師位而典之。周既克殷，以箕子歸，武王親虛己而問焉。故經曰：「惟十有三祀，王訪於箕子，王乃言曰：『烏呼，箕子！惟天陰騭下民，相協厥居，我不知其彝倫逌叙。』箕子乃言曰：『我聞在昔，鯀堙洪水，汩陳其五行，帝乃震怒，弗俾《洪範》九疇，彝倫逌敘。鯀則殛死，禹乃嗣興，天乃錫禹《洪範》九疇，彝倫逌敘。』」此武王問《洛書》於箕子，箕子對禹得《洛書》之意也。（《漢書》卷二十七上《五行志上》）

劉歆把箕子作《洪範》和《繫辭上》「河出圖，洛出書，聖人則之」兩條內容糅在一起，其用意在說明了《河圖》與《洛書》是天授的神物；八卦來源於《河圖》，《洪範》出於《洛書》，並且指出《洪範》篇中有六十五字真經，即是《洛書》的文本。

說：

「初一曰五行；次二曰羞用五事；次三曰農用八政；次四曰葉用五紀；次五曰建用皇極；次六曰艾用三德；次七曰明用稽疑；次八曰念用庶徵；次九曰嚮用五福；畏用六極。」凡此六十五字，皆《洛書》本文，所謂天乃錫禹大法九章常事所次者也。以為《河圖》、《洛書》相為經緯，八卦、九章相為表裡。昔殷道弛，文王演《周易》；周道敝，孔子述《春秋》。則《乾》、《坤》之陰陽，效《洪範》之咎徵，天人之道粲然著矣。

由前者，《周易》的卦象出自《河圖》；由後者則表明了《洪範》就是《洛書》。從周文王到孔子，《易》的理論完善化了，從宇宙到社會，從制度到決策，從治國到個人修身，《易》成了理論說明的根據，「天人之道粲然著矣」。《漢書》引進了劉歆的《河圖》、《洛書》說，製造出個完整的天人相關的理論。

京房《易傳》在《五行志》中占有相當突出的位置，從另一個方面顯示出班固史學的特徵。《五行志》引京氏《易》有一百七十餘條。

西漢末，天人感應說在混合各種學術基礎上形成了，「漢興，承秦滅學之後，景、武之世，董仲舒治《公羊春秋》，始推陰陽，為儒者宗。宣、元之後，劉向治《穀梁春秋》，數其禍福，傳以《洪範》，與仲舒錯。至（劉）向子歆治《左氏傳》，其《春秋》意亦乖矣；言《五行傳》，又頗不同。是以攬仲舒，別向、歆，傳載眭孟、夏侯勝、京房、谷永、李尋之徒所陳行事，訖於王莽，舉十二世，以傅《春秋》，著於篇」。從公羊的陰陽說，到言禍福災異，再到劉歆的天人相應理論，各家的路數不一樣，具體解說，很多地方是「各唱各的調」，班固也看出破綻，卻是沒有辦法彌合。《五行志》把董仲舒、劉向、劉歆與京房的《易傳》有及《穀梁傳》、《左傳》有關天人感應的學說等組合在一起，增加京房《易占》及《妖辭》、《星傳》等。這些東西在一起，形成一個龐大體系。儘管劉向、劉歆的學說存在差異，董仲舒與劉向、劉歆也有差異，但是，他們的終極的思想是一致的。侯外廬先生說：劉氏父子與董仲舒相比，「雖有鼠牙雀角的異同，而本質上則同為神學的世界觀；其牽強附會尤與董仲舒異而同工」❷。

《漢書》的《五行志》以五行（水、火、木、金、土）與五事（貌、言、視、聽、思）為綱，把自然災異現象出現與人間的禍福、社會興衰變動聯繫起來，當作一種必然，這是災異論一種方法。

從表面上看，其中也有歸納的因素，但由於自然災異現象與社會人事變動本身沒有必然的聯繫，因而這種對歷史社會變動的解說，就帶上主觀的隨意性，因而各個解說者出現矛盾、差異，也就不奇怪。即使是他們也是關心社會問題，但這樣去闡釋歷史，不可能找到解決社會危機的方案，也不可能對封建統治腐敗起到阻滯的作用，反而成為宣揚皇權神授的理論。

班固的《漢書》大量收錄了京房的《易傳》，把董仲舒、劉向、劉歆等的觀點與京房的易學的觀點夾雜在一起，來解說歷史的變動，對他們解說中差異，有時作出判斷，有的則不作出判斷，這種粗鄙、雜駁，成為《漢書・五行志》的一大特色。這裡我們可以舉一個例子以見一斑。《漢書》卷二十七中之上，載：

> 孝武時，夏侯始昌通《五經》，善推《五行傳》，以傳族子夏侯勝，下及許商，皆以教所賢弟子。其傳與劉向同，惟劉歆傳獨異。
>
> 貌之不恭，是謂不肅……於《易》，《巽》為雞，雞有冠距文武之貌。不為威儀，貌氣毀，故有雞禍……於《易》，《震》在東方，為春為木也；《兌》在西方，為秋為金也；《離》在南方，為夏為火也；《坎》在北方，為冬為水也。春與秋，日夜分，寒暑平，是以金木之氣易以相變，故貌傷則致秋陰常雨，言傷則致春陽常旱也。……劉歆貌傳曰有鱗蟲之孽，羊禍……於《易》《兌》為羊，木為金所病，故致羊禍，與常雨同應。此說非是。春與秋，氣陰陽相敵，木病金盛，故能相併，惟此一事耳。

這裡把解《易》以論災異的各家列出來，糅合孟喜的卦氣說、京房的五行說、陰陽二氣說，把《易》的《說卦》中卦象說與五行、五事、五常結合起來，進而解說自然災異與人事的禍福的必然聯繫。

《五行志》認為劉歆的解說不對，是因為劉歆對《易》象的理解，只是偶然可通，而不是必然的關係。其實，他們的差異，只能是黑鬼與白鬼的爭論，沒有什麼根本差別。只是《五行志》中傾向於京房把五行相剋與陰陽二氣相交說結合進來，而不只是從五行相剋木為金病這一點上進行解釋。

《洪範》既被證明是《洛書》，因此，以《洪範》說史，就是班固以《易》評史的內容。《漢書》解說歷史的既有本朝史也有前代史。

——以漢朝歷史佐驗災異說。這在《五行志》比比皆是，例如，昭帝元平元年四月，嗣立昌邑王劉賀，劉賀即位時，天陰，晝夜不見日月。夏侯勝乘機上《洪範五行傳》說：「『皇之不極，厥罰常陰，時則有下人伐上。』不敢察察言，故云臣下有謀。」霍光、張安世讀之大驚，以為謀廢事被泄露。所以益重經術士。果然，「後數日，卒共廢（劉）賀」。《漢書・五行志》接著長篇引證京房《易傳》很長的一段文字，說明陰雲徵兆必然有驗證。這在實際上從另一角度，說明漢室不但代秦是天意，是「漢承堯運」（《漢書》卷一《高祖本紀》），而且每一個帝位的廢立，也是天意。漢朝歷史的興衰變動是天意決定。

——以災異說重新解說前代的歷史。班固輯錄材料，表明周秦時期的歷史的災異都是盛衰變化的徵兆，這就是《五行志》力求說明的事實。《左傳》中，已經含有天人相關解說，但《左傳》書中主要的還是以人事作用解釋歷史的變化。《漢書》雖然是漢朝的歷史，但《五行志》在劉歆的五行傳的基礎上，實際是重新解說《左傳》記錄的春秋二百四十二年的歷史。《五行志》解說前代史，強調天人感應，以京房的學說作為主要的理論依據之一。魯隱公三年發生一次日食，《春秋》只是記實事，沒有解說，《左傳》無說。但在《五行志》中，董仲舒、劉向、劉歆牽強附會地把這次日食和諸侯國的魯、宋等內亂聯繫起來，宣揚天人感應理論。京房《易傳》「以為桓（公）三年日食貫中央，上下竟而黃，臣弒而不卒之形也。後楚嚴（莊）稱王，兼地千里」。日食發生、日食的特徵，是一種禍亂的兆頭，是天的意志。

但是，漢《易》對班固的影響，是多方面的，不能只看到漢《易》對他產生的消極的影響。另外，《易》本身的思想也是多方面的。漢《易》的影響有主要的方面，即宣揚天人感應說，也有其它方面，要做具體的分析。一方面是京房易為代表的災異說構成班固歷史過程認識論的一個部分，又一方面《易》本身，甚至是京房《易》中也含有某些重人事思想的成分。更何況《漢書》的一半是建立在《史記》的內容之上，其中保留了《史記》的重人事的思想，也就毫不奇怪了。

以京房易傳的五行說、陰陽二氣說、五行相生相剋說來解說社會人事變動，在解說中包括了某些重民思想。《五行志》把五行與《易》象結合起來，闡發易理，顯現出孟、京《易》的卦氣說的特點。

這中間也有重民的思想。例如在解「木」，「說曰：木，東方也。於《易》，地上之木為《觀》。其於王事，威儀容貌亦可觀者也。故行步有佩玉之度，登車有和鸞之節，田狩有三驅之制，飲食有享獻之禮，出入有名，使民以時，務在勸農桑，謀在安百姓：如此，則木得其性矣。若乃田獵馳騁不反宮室，飲食沈湎不顧法度，妄興徭役以奪民時，作為奸詐以傷民財，則木失其性矣。蓋工匠之為輪矢者多傷敗，乃木為變怪，是為木不曲直。」這裡解《易》固是以象數說易，與《易》中《觀》卦的《大象》說不盡相同，但這裡面包括的重民思想，是我們要注意的。它強調的是要使民以時，務在勸農桑，不能妄興徭役等。

又如，在論「火」時，其解釋是：「火，南方，揚光輝為明者也。其於王者，南面鄉明而治……賢佞分別，官人有序，帥由舊章，敬重功勛，殊別適（嫡）庶，如此則火得其性矣……」這是孟喜的卦氣說的路數，但它以此說明用人應當「賢佞分別，官人有序」的意義，因此，也有它的合理的意義。這和《尚書》的殷鑒思想一脈相通，只不過是借八卦的五行說來作出闡釋。

其解「土」時，強調卑宮室，不能奢淫驕慢等。也都是在神秘的外衣下面，對統治者發出的警告。在一個封建王朝危機四起時，這只是一種微弱的抗爭。

另外，《五行志》中以谷永、王音等是直接引京房《易傳》，來論歷史的興亡的經驗教訓，《五行志》有的地方直接引《泰誓》的話：「民之所欲，天必從之。」鴻嘉二年（前十九年），王音論災異，直說「皇天數見災異，欲人變更，終已不改。天尚不能感動陛下，臣子何望？」這是談災異，也是直抒憂憤，直陳對朝廷的絕望。

還應當提到的，有些《易》之意本來並不是講災異，但《漢書》引這些辭語，用於講災異。一種是，今本《易》中沒有的語句，如《杜周傳》所引的《易》，說：「正其本，萬事理」（《漢書》卷六十《杜周傳》）一句，這是《周易》中所沒有的內容，這是講義理的，杜欽引此文重在證明「凡事論有疑未可立行者，求之往古則典刑無，考之來今則吉凶同，卒搖易之則民心惑，若是者誠難施也」。另一種是曲解《周易》中原文意思，《漢書》卷六十三《武五子傳·贊》中引《易》：「天之所助者順也，人之所助者信也。君子履信思順，自天祐之，吉無不利。」這本是強調「君子」的人事作用，只要君子重信，天會「祐之」。但在本傳的《贊》中，是論說巫蠱之禍「亦有天時，非人力所致」。這也可以看出《漢書》的易學傾向。

東漢時期讖緯風更盛，皮錫瑞的《經學歷史》說：「故光武以赤伏符受命，深信讖緯，五經之義，皆以讖決，賈逵以此興《左氏》，曹褒以此定漢禮，於是五經為外學，七緯為內學，遂成一代風氣。」❸但在這種學術氛圍中，思想家以扭曲方法透露出對社會出路的危機感。

京房的卦氣說包含陰陽轉化思想，但《五行志》中，京房《易》，陰陽轉化聯繫思想是宣傳天人感應，成為災異的理論。

京房的依據是：「生吉凶之義，始於五行，終於八卦，從無入有，見災於星辰也。從有入無，見象於陰陽也。陰陽之義歲月分也。歲月既分，吉凶定矣。故曰八卦成列，象在其中矣。六爻上下，天地陰陽，運轉有無之象，配乎人事，八卦仰觀俯察在乎人，隱顯災異在乎天，考天象，察人事在乎卦。」這樣就把八卦作為天譴人事的徵兆。人事吉凶、禍福、得失都顯示在天象變化上，又反映在八卦的變化上。陰陽災異的學說由此而立。這和西漢的董仲舒的天人感應說出於一轍。

總之，從班固《漢書》卷一《高祖本紀》到《五行志》、《藝文志》，再到各個《傳》中，漢易的影響看得很清楚，漢《易》象數的思維方式成為班固解喻歷史的邏輯。他不但以此解說本朝歷史的變動，而且打破了斷代史的界限，重新解說周秦歷史，這是很可玩味的。《漢書》以易理解說歷史的天人感應的體系中，又包含著一些重民思想，體現出警戒君王的企圖。班固史學、易學都體現出折衷的性質。

三、《易緯》編造出的古史

兩漢時期，劉向、劉歆與孟京以易講災異，從根本上說，與《易緯》一致。劉向在《上封事書》中歷數古今災異與社會變動的事例，得出一個普遍的結論：「由此觀之，和氣致祥，乖氣致異；祥多者其國安，異眾者其國危，天地之常經，古今之通義也。」他並且引《易》作出說明：

《易》曰：「飛龍在天，大人聚也」；在下位，則思與其類俱進。《易》曰：

> 「拔茅茹以其匯，徵吉。」在上則引其類，在下則推其類，故湯用伊尹，不仁者遠，而眾賢至，類相致也。今佞邪與賢臣並在交戟之內，合黨共謀……欲以傾移主上。如忽然用之，此天地之所以先戒，災異之所以重至者也。（《漢書》卷三十六《楚元王傳》）

這不過是以另一種形式說出了社會危機到了非常嚴重的地步，用讖緯的語言，來宣傳災異論、說天人感應是當時的需要。

劉歆與其父劉向觀點不盡一致，但他的易學與孟、京之易相通，講卦氣言災異。西漢末，托孔氏以解經形式言災異的《緯書》應運而生。這種《緯書》與孟、京之易思想邏輯是一致的，但又有某些獨特的內容。

清人《四庫全書總目》著錄的易緯有：《乾坤鑿度》、《周易乾鑿度》、《易緯稽覽圖》、《易緯辨終備》、《易緯通卦驗》、《易緯乾元序制記》、《易緯是類謀》、和《易緯坤靈圖》。（《四庫全書總目》卷六「附錄」）

《易緯》具有的荒謬性，和孟、京之易相同，這裡我們不再作出分析，需要說明的是它對史學的影響，有幾點是值得提出來的。

一是把災異說作為觀察歷史興亡的正式依據。《太平御覽》卷七六引《乾鑿度》文說：「帝王興亡，必察八部，觀卦之符，物之應動。」

二是《易》的思想對於理解世界起源、動植物起源乃至人類起源，提供了思想資料。《易緯・乾鑿度》卷上有一段論述，應該提出來，這段文字說：

夫有形生於無形，乾坤安從生？故曰：有太易，有太初，有太始，有太素也。太易者，未見之氣也；太初者，氣之始也；太始者，形之始也；太素者，質之始也。氣、形、質具而未離故曰渾淪，渾淪者，言萬物相渾成而未相離，視之不見，聽之不聞，循之不得，故曰易也。

易無形畔，易變而為一，一變而為七，七變而為九。九者，氣變之究也，乃復變而為一。一者形變之始，清輕者上為天，濁重者下為地。

《乾鑿度》提出宇宙歷史觀，宇宙歷史形成、發展有四個階段，即太易、太初、太始、太素。這種歷史運動觀，對道家、進而為後來的某些古史作者所吸收，有的又作了改造。這是一，其二，易成為宇宙與歷史起源的理論，用氣、數充實這個理論，說明了世界的起源，天地形成，進而出現各種關於遠古歷史的三皇說。其三，世界是由無形而有形，很能說明這種學說的性質。皇甫謐的《帝王世紀》，蘇轍的《古史》和羅泌寫的《古史》等都是這樣思想衍生出來的作品。

編造古史也不只是易緯作品，只是以易緯編造出古史帶有理論的色彩。至於伏羲、神農、黃帝的古史傳說，《繫辭》已經構成完整的系統。《易緯通卦驗》以及其它緯書等又有自己的說法，這裡就不作論說。

讖緯的學說體現出的是神意史觀，受到歷代進步思想家的批評。宋代鄭樵說：「說

《洪範》者，皆謂箕子本《河圖》、《洛書》以明五行之旨。劉向創釋其傳於前，諸史因之而為志於後，析天下災祥之變於金、木、水、火、土之域，乃以時事之吉凶而曲為之配，此之謂其欺天之學」（《通志》卷七十四《災祥略》）。編出來的古史系統沒有經受史實的檢驗，附會於天命論，稱之為「欺天之學」，很恰當，但這樣的思潮，也反映出一定的歷史觀念。

清人崔述以「考信」的眼光看待種種古史傳說，以為「自《易》、《春秋傳》始，頗言（伏）羲、（神）農、黃帝時事，蓋皆得之傳聞，或後人所追記；然但因事及之，未嘗盛有所鋪張也。及《國語》、《大戴記》，遂以鋪張上古為事；因緣附會，舛駁不可勝紀。」司馬遷作《史記》托始於黃帝，也刪其不雅馴處，沒有上溯伏羲、神農。到了譙周作《古史考》、皇甫謐作《帝王世紀》，情況不同了，上推及燧人、神農。以後的《河圖》、《三五歷》等，造出古史起源，越來越紊亂。

崔氏認為《易》、《春秋》所說「其事理亦為近正，以此證百家之謬或亦有不可廢者」❹。至於西漢成帝、哀帝盛行讖緯學，後人不敢有異議，真不可思議。❺這是史家以求實觀點看待緯書的。

【註釋】

❶ 關於孟京易學、讖緯與今文經學的關係，可參看鍾肇鵬：《讖緯論略》，遼寧教育出版社，一九九一年。

❷ 侯外廬：《中國思想通史》第二卷，一百九十七頁，人民出版社，一九五七年。

❸ 皮錫瑞：《經學歷史》，第一〇九頁，中華書局，一九五九年。

❹ 《崔東壁遺書》，上海古籍出版社，一九八三年版，第二十五頁。

❺ 《崔東壁遺書》，上海古籍出版社，一九八三年版，第五頁。

第五章　漢魏易學變化的走向與史學

魏晉時期的易學不同於漢易，是不爭的事實，但事物的變化總有一個過程，易學也是如此，在後漢的經學衰變中，漢易出現裂變，天人感應學說受到批判，這就從根本上動搖了漢易的基礎，費氏《易》的地位上升，義理易學逐漸成為主流。最終是王輔嗣的一掃象數，發生根本性的變化。

無可懷疑的是，在易學轉型過程中，歷史學中的史論的形態與觀察歷史的途徑相應發生了變化，從而反映出史學思想的變化。

一、漢易的轉型

關於漢代學術的變化，在上一章中，我們已經有所論說，用現代話來說，漢易從東漢後期，進入到一個轉型階段。這裡不僅注意到這個轉化，還要思考這各種變化的深層次原因。

這裡我們回顧一下東漢學術的轉化。《後漢書・儒林傳》說：「及光武中興，愛好經術，未及下車，而先訪儒雅……自是莫不抱負墳策，雲會京師，范升、陳元、鄭興、杜林、衛宏、劉昆、桓榮之徒，繼踵而集。於是立《五經》博士。各以家法教授，《易》有施、孟、梁丘、京氏；《尚書》歐陽、大小夏侯；《詩》齊、魯、韓；《禮》大小戴，《春秋》嚴、顏，凡十四博士，太常差次總領焉。」

所謂十四博士，不過是十四個在學術方面有權勢的代表人。各家差別有學術上分野，但不少門戶雖立，涇渭卻不分明。

這種崇儒的風尚是西漢的經學的延長。《漢書・儒林傳》說：「自武帝立五經博士，開弟子員，設科射策，勸以官祿，訖於元始，百有餘年，傳業者漸盛，支葉繁滋。一經說至百餘萬言，大師眾至千餘人，蓋祿利之路然也。」在這種利祿導向下，學術風氣在東漢中期以前，沒有什麼新氣息。今文經學與讖緯學說糾纏在一起。其間，古文經學不是不想爭一席之地，但到底沒有形成氣候。

東漢建武五年，修太學，中元元年，初建三雍，明帝即位，親行其禮。「帝正坐自講，諸儒執經問難於前，冠帶縉紳之人，圜橋門而觀聽者蓋億萬計」（《後漢書》卷七十九《儒林傳》）。「建初中，大會諸儒於白虎觀，考詳異同，連月乃罷，肅宗親臨稱制，如石渠故事，顧命史臣，著為《通義》。又詔高才生受《古文尚書》、《毛詩》、《穀梁》、《左氏春秋》，雖不立學官，然皆擢高第為講郎，給事近署，所以網羅遺逸，博存眾家。孝和亦數幸東觀，覽閱書林。」安帝時，稍有變化，「安帝覽政，薄於藝文，博士倚席不講」。東漢末出現一個崇儒局面，順帝初年，由於梁太后的提倡，游學增盛，至三萬餘生。但這是虛假現象。經學經過一段曲折的變化，已是「章句漸疏，而多以浮華相尚，儒者之風蓋衰矣」。（《後漢書》卷七十九《儒林傳》）

黨錮之禍後，賈逵、馬融、服虔等一批大師，傳古文經，雖未立於學官，但其影響在今文經學之上。馬融弟子鄭玄會通今、古文經，成為漢朝經學的集大成者，「括囊大典，網羅眾家，刪裁繁誣，刊改漏失，自是學者略知所歸」。（《後漢書》卷三十五《鄭玄傳》）

東漢學術發生變動形成的走向，有其內在的根據。

第一，今文經學與孟京易學以及讖緯學說混雜，雖然在一個時期能為封建統治者提供安身立命的理論，但其本身的駁雜，決定了它的生命力是虛弱的。賈逵是治古文經的學者，他有一段話，我們能從中得到啟示。

> 賈逵具條奏之曰……今《左氏》崇君父，卑臣子，強幹弱枝，勸善戒惡，至明至切，至直至順。且三代異物，損益隨時，故先帝博觀異家，各有所採。《易》有施、孟，復立梁丘……又《五經》家皆無證圖讖明劉氏為堯後者，而《左氏》獨有明文。《五經》家皆言顓頊代黃帝，而堯不得為火德。《左氏》以為少昊氏代黃帝，即圖讖所謂帝宣（宋均注：少昊氏）也。如令堯不得為火，則漢不得為赤。其所發明，補益實多。（《後漢書》卷三十六《賈逵傳》）

這就是說，今文經學本身與圖讖存在矛盾，他們無法證明漢家政權上接堯的說法。倒是古文經的《左氏》一套還能夠自圓其說。這裡我們不是來評論今古之爭的是與非，但從中可以看出東漢倡導的讖緯說與今文經學在理論上的危機。

第二，進步思想家的打擊。這裡我們可以從王充、張衡的論說中看到思潮的變化的信息。大談讖緯是東漢的國策，光武帝就是依靠李通這樣一批謀士以倡圖讖，為他奪天下製造輿論工具。

《後漢書》中有一段記載，頗耐人尋味。李通「初事劉歆，好星曆讖記，為王莽宗卿師……光武初以（李）通士君子相慕也，故往答之。及相見，共語移日，握手極歡，通因具言讖文事。光武初殊不意，未敢當之。時（李）守在長安，光武乃微觀通曰：『即如此，當如宗卿師何？』通曰：『已自有度矣。』因復備言其計，光武既深知通意，乃遂相約結，定謀議。」（《後漢書》卷十五《李通傳》）再參之《光武帝紀》，說：「莽末，天下連歲災蝗……光武避吏新野，因賣穀於宛，宛人李通等以圖讖說光武云：『劉氏復起，李氏為輔。』光武初不敢當，然獨念兄伯升素結輕客，必舉大事，且王莽敗亡已兆，天下方亂，遂與定謀，於是乃市兵弩。」（《後漢書》卷一上《光武帝紀上》）兩者合而觀之，所謂的圖讖只不過是一種偽造。光武帝憑借「劉秀發兵捕不道，卯金修德為天子」讖記製造輿論，最後登上皇帝的寶座的。難怪他一登上帝位，便宣布圖讖於天下。

讖緯與災異論、今文經學以及京房易的天人感應說結成一個龐雜的體系，固然顯示其聲勢浩大，但是這種理論本身的虛妄與駁雜，決定了它不可能成為一個完備的體系。班固在寫《漢書》的《五行志》中，引出一百七十餘條的《京房易》與董仲舒、劉向、劉歆及一些緯書內容，不時地指出各個內容的矛盾、相異處。這些破綻給後人攻擊留下了缺口。

王充的《論衡》八十四篇中有四分之一的內容，是對天人感應說、災異論的批判。他以氣說批判當時包括易學中的卦氣說、災異論。他說：

論災異者，已疑於天用災異譴告人矣。更說曰：「災異之至，殆人君以政動天，天動氣以應之。譬之以物擊鼓；以椎叩鐘。鼓猶天，椎猶政，鐘鼓聲，猶天人之應也。人主為於下，則天氣隨人而至矣。」曰：「此又疑也。夫天能動物，物焉能天？何則？人物繫於天，天為人物主也……寒溫之氣，繫於天地，而統於陰陽，人事國政，安能動之？」（《論衡‧變動篇》）

張衡是一位科學家，也是一位史學家，他的渾天儀、地動儀的發明，科學地解釋了地震的原因，這本身就是對天人感應說的沉重的打擊；對於圖讖他作了相當深刻的批判。史載：

初，光武善讖，及顯宗、肅宗因祖述焉。自中興之後，儒者爭學圖緯，兼復附以妖言。（張）衡以圖緯虛妄，非聖人之法，乃上疏曰：「臣聞聖人明審律曆以定吉凶，重之以卜筮，雜之以九宮。經天驗道，本盡於此。或觀星辰逆順，寒燠所由，或察龜策之占，巫覡之言，其所因者，非一術也。立言於前，有徵於後，故智者貴焉，謂之讖書。讖書始出，蓋知之者寡。自漢取秦，用兵力戰，功成業遂，可謂大事，當此之時，莫或稱讖。若夏侯勝、眭孟之徒，以道術立名，其所述著，無讖一言。劉向父子領校秘書，閱定九流，亦無讖錄。成哀之後，乃始聞之。」

夏侯勝、眭孟以及劉向、劉歆父子無讖言，卻言災異、講天人感應，這裡我們體會的是，張衡從圖讖產生的歷史，以揭露其虛妄性，進而指出各種圖讖之間的矛盾，《春秋讖》、《詩讖》、《春秋元命苞》這些書「一卷之書，互異數事。聖人之言，勢無若是，殆必虛偽之徒，以要世取資。往者侍中賈逵摘讖互異三十餘事，諸言讖者皆不能說。至於王莽篡位，漢世大禍，八十篇何為不戒？則知圖讖成於哀、平之際也」。當然我們也要指出他肯定了占卜書，對占而驗的讖言也沒有完全否定。但張衡主張「宜收藏圖讖，一禁絕之」。並且「又欲繼孔子《易》說《彖》、《象》者，竟不能就」（上引見《後漢書》卷五十九《張衡傳》）。所以，張衡在兩漢易學史上也是有地位的，這也是東漢易學轉型中的一種趨勢。

第三，東漢的易學失去更新的可能。施、孟、梁丘及京房的易學是占著主導地位，這是事實。但繼之者，也只能唱著老調子，講卦氣、八宮、飛伏、陰陽，附會以說災異，宣揚天人感應。後期的荀爽倡乾升坤降論，在內容上荀爽以《易》解漢德為

「孝」，言君君、臣臣、父父、子子。（《後漢書》卷六十二《荀韓鍾陳列傳》）三國虞翻的卦變說，乾坤生六子、十二消息卦變雜卦等。說到底，也還是孟喜京房《易》的餘緒，只不過越來越繁瑣；荀爽等不把重心放在言災異之上，已經偏離了孟、京之《易》，「自是《費氏》興，而京氏遂衰」。

漢易的新變化是不可避免的，費氏《易》因之而起，「建武中，范升傳《孟氏易》，以授楊政，而陳元、鄭眾皆傳《費氏易》，其馬融亦為其傳。融授鄭玄，玄作《易注》，荀爽又作《易傳》，自是《費氏》興，而《京氏》遂衰」（《後漢書》卷七十九《儒林傳》）。東漢易學名家為數不少，但是，這些以易學為名家的人只能在漢易大框架中增添一些新內容，難有大的作為。

我們可以舉出這些人物，看出一個大概來：

劉昆字桓公，陳留東昏人，梁孝王之胤也……平帝時受《施氏易》於沛戴賓。

窪丹字子玉……作《易通論》七篇，世號《窪君通》。（窪）丹學義研深，《易》家宗之，稱為大儒。

任安字定祖，廣漢綿竹人也，少遊太學，受《孟氏易》，兼通數經，又從同郡楊厚學圖讖，究極其術。

楊政字子行，京兆人也，少好學，從代郡范升受《梁氏易》，善說經書。

張興字君上，潁川鄢陵人也。習《梁丘易》以教授。

戴憑字次仲，汝南平輿人也。習《京氏易》。……南陽魏滿字叔牙，亦習《京氏易》，教授。

《儒林傳下》又載：

孫期字仲錶，濟陰成武人也，少為諸生，習《京氏易》、《古文尚書》。（以上見《後漢書》卷七十九《儒林傳上》）

京鸞字漢伯，廣漢梓潼人也，少隨師學經，涉七州之地，能理《齊詩》、《施氏易》，兼受《河》、《洛》圖緯，作《易說》及《詩解》，文句兼取《河》、《洛》，以類相從，名為《交集》。

又：

（袁安）祖父良，習《孟氏易》……安少傳良學……（袁安之子）京，字仲譽，習《孟氏易》。作《難言》三十萬言。（《後漢書》卷四十五《袁安傳》）

其他更是在講災異方面顯示其特長。如《後漢書》卷三十下，載：

郎顗字雅光，北海安丘人也。父宗，字仲綏，學《京氏易》，善風角、星算、六日七分，能望氣占候吉凶，常賣卜自奉。安帝徵之。

從他徵引諸多書籍，如《易內傳》、《易稽覽圖》、《易天人應》、《飛侯》、《易雌雄歷》、《易中孚傳》等，也就可以看出他的易學特色。

又如在《後漢書》卷八十二的《方術列傳》中：

楊由字哀侯，蜀郡成都人也。少習《易》，並七政、元氣、風雲占候。

李郃字孟節，漢中南鄭人也。郃……通五經，善《河》、《洛》風星。

段翳字元章，廣漢新都人也。習《易經》，明風角。

樊英字季齊，南陽魯陽人也。少受業三輔，習《京氏易》，兼明《五經》。又善風角、星算、《河》、《洛》七緯，推步災異……英著《易章句》，世名樊氏學，以圖緯教授。

《方術傳下》又謂：

唐檀字子產，豫章南昌人也。少遊太學，習《京氏易》、《韓詩》、《顏氏春秋》，尤好災異星占。後還鄉里，教授常百餘人。

許曼者，汝南平輿人也。祖父峻，字季山，善卜占之術，多有顯驗，時人方之前世京房。

（周舉）以《易》及《易緯》的《稽覽圖》言災異。（《後漢書》卷六十一《左周黃列傳》）循吏王景少學《易》，遂廣覽眾書，好天文術數之事，沈深多伎藝。「初，景以為《六經》所載，皆有卜筮，作事舉止，質於蓍龜，而眾書錯糅，吉凶相反，乃參紀眾家數術文書，冢宅禁忌，堪輿日相之屬，適於事用者，集炎《大衍玄基》云。」（《後漢書》卷七十六《王景傳》）

這些易學有名氣的人物，多的是共性，以易言災異；少的是發揮、創造。荀爽以易理論政事，有一些新意。評議陳蕃，荀爽希望他「屈節以全亂世」，說了一番話：「久廢過庭，不聞善誘，陟岵瞻望，惟日為歲。知以直道不容於時，悅山樂水，家於陽城，道近路夷，當即聘問，無狀嬰疾，闕於所仰。頃聞上帝震怒，貶黜鼎臣，人鬼同謀，以為天子當貞觀二五，利見大人，不謂夷之初旦，明而未融，虹霓揚煇，棄和取同。方今天地氣閉，大人休否，智者見險，投以遠害。雖匱人望，內合私願，想甚欣然，不為恨也……」（《後漢書》卷六十七《黨錮列傳》）「乾」（䷀）的九二爻爻辭是「見龍在田，利見大人」，九五爻的爻辭是「飛龍在天，利見大人」。都有「利見大人」。乾坤升降，至「明夷」（䷣），其明夷卦是下離上坤，離為火，為明；坤為地。明夷是「明入地中」。《坤》（䷁）卦的六四爻爻辭是「括囊，無咎無譽」。《坤‧文言》解「天地變化，天地閉，賢人隱，《易》曰：括囊，無咎無譽，蓋言謹也」。荀爽解易的乾坤升降說，在這裡體現出來。

又，明夷（䷣）卦六五爻爻辭是「箕子之明夷，利貞」。但其上六爻爻辭是「不明，晦。初登於天，後入天地」。所以說：「明而未融」，作為人臣的陳蕃應當想到名高致禍，要節制自己，否則是「初登於天」，但「後入於地」，這裡是以卦爻升降言人事吉凶，又包含了卦氣說、陰陽說的成分。總的說來，漢易是走到盡頭，難有新的出路。

二、荀悅以易解史

荀悅在《易》上沒有什麼建樹，但在史學上即有突出的貢獻。他解史還是看得出漢易卦氣說的痕跡，也反映出他叔父荀爽易學對他的影響。他深知荀爽的《易》學的特點，說：「時故南郡太守馬融著《易解》，頗生異說。及臣悅叔父故司徒（荀）爽，著《易傳》，據爻象承應陰陽變化之義，以十篇之文解說經意，由兗、豫之言《易》者，咸傳荀氏學，而馬氏亦頗行於世。爽又著《詩傳》皆附正義無他說。」（《漢紀》卷二十五）荀爽的《易傳》有相當大的影響，與馬融相比，有聯繫也有區別，已經不是正宗的漢易了。

荀悅在《漢紀》中論說漢家的歷史：「漢興繼堯之胄，承周之運，接秦之弊。漢祖初定天下，則從火德；斬蛇著符，旗幟尚赤，自然之應，得天統矣。其後，張蒼謂漢為水德，而賈誼、公孫弘以為土德。及至劉向父子乃推五行之運，以子承母，始自伏羲，以迄於漢，宜為火德。其序之也，以《易》稱：帝出乎震，故太皋始出於震，為木德，號曰伏羲氏。共工氏因之為水德，居水火之間。霸而不王，非其序也。炎帝承木生火，故為火德，號曰神農氏；黃帝承之，火生土，故為土德，號曰軒轅氏；帝少昊滅帝摯承之，土生金，故為金德，號曰金天氏；帝顓頊承之，金生水，故為水德，號曰高陽氏；

帝嚳承之，水生木，故為木德，號曰高辛氏；帝堯始封於唐。高辛氏衰，而天下歸之，號曰陶唐氏，故為火德。即位九十載，禪位於帝舜，號曰有虞氏，故為土德……而漢祖滅秦，號曰漢，故為火德矣。」（《漢紀》卷一，下引《漢紀》，於文中注卷數）荀悅進而論證了漢為火德。結論與班固是一樣，但這是以五行相生論來說明。

荀悅以《易》說史，不專在說災異宣傳天命觀，更多的解說能體現出重人事的思想，他以易說史，重在講義理，應該說，在荀悅身上已經體現出以史證易的風格。荀悅論漢史，曰：「夫帝王之作，必有神人之助，非德無以建業，非命無以定眾，或以文昭，或以武興，或以聖立，或以人崇……《易》曰：『湯武革命，順乎天而應乎人。』其斯之謂乎。」（卷四）說到諸侯分封，他說：「諸侯之制，所由來尚矣。《易》曰：『先王建萬國親諸侯。』……漢興承周秦之弊，故兼而用之。六王七國之難作者，誠失之於強大，非諸侯治國之咎。其後遂皆郡縣治民，而絕諸侯之權矣。當時之制未必百王之法也。」（卷五）他也強調封建綱常，說：「尚公主之制，人道之大倫也。昔堯釐降二女於媯汭，嬪於虞。《易》曰：帝乙歸妹，以祉元吉。《春秋》稱王姬歸於齊，古之達禮也。男替女淩，則淫暴之變生矣。禮自上降則昏亂於下者，眾矣。三綱之首可不慎乎。夫成大化者，必稽古立中務以正其本也。凡吉所言，古之道也。」（卷十七）他論封建人倫道德，說：「夫婦之際，人道之大倫也。《詩》稱刑於寡妻，至於兄弟，以御於家邦。《易》稱正家道，家道正而天下大定矣。」（卷五）凡此都表明他對《易》的解說和漢代的孟、京之易有很大的不同。

但我們也看到，荀悅以《易》說史並沒有完全脫離天人感應的藩籬。他有一段較長的言論，我們還是把它引出來，他說：

> 凡三光精氣變異，此皆陰陽之精也，其本在地，而上發於天也。政失於此，則變見彼。由影之象形，響之應聲，是以明王見之而悟，敕身正己，省其咎，謝其過，則禍除而福生，自然之應也……事物之類，變化萬端，不可齊一，是以視聽者惑焉，若乃稟自然之數，揆性命之理，稽之經典，校之古今，乘其三勢，以通其精，撮其兩端，以御其中，參伍以變，錯綜其紀，則可以彷彿其咎矣。
>
> 夫事物之性，有自然而成者；有待人事而成者，有失人事不成者；有雖加人事而終身不可成者。是謂三勢。凡此三勢，物無不然。以小知大，近取之諸身，譬之疾病……推此以及教化……推此以及天道，亦如之。災祥之應，無所謬矣。故堯湯水旱者，天數也；《洪範》咎徵，人事也……今人見有不移者，因曰人事無所能移；見有可移者，因曰無天命。見天人之殊遠者，因曰人事不相干，知神氣流通者，人共事而同業，此皆守其一端，而不究終始。《易》曰：「有天道焉，有地道焉，有人道焉」，言其異也；兼三才而兩之，言其同也。故天人之道，有同有異，據其所以異而責其所以同，則成矣。守其所以同而求其所以異，則弊矣……故氣類有動而未應，應而未終，終而有變，遲速深淺，變化錯於其中矣。是故參差難得而

均矣。天地人物之理，莫不同之，凡三勢之數，深不可識。故君子盡心力焉，以任天命。《易》曰：「窮理盡性以至於命」，此之謂乎。（卷六）

又：

> 先王立政以制為本，三正五行服色曆數，承天之制，經國序民，列官布職疆理，品類辯方定物人倫之度……及至周室道微，禮法墜壞，諸侯刻桷丹楹，大夫山節藻梲，其流至士庶，莫不離制度，稼穡之人少，商賈之人多，穀不足而貨有餘，陵遲至於桓文之後，禮義大壞，上下相貿，國異政，家殊俗……故《易》曰：後以裁成輔相天地之宜，以左右民備物致用，立象成器，以為天下利，立制度之謂也。（卷七）

我們看出，荀悅的史論與他的《易》學特點有關，以史證易重在論事理。在很多地方，他講天人感應：「政失於此，則變見彼。由影之象形，響之應聲」，因此，《漢紀》中大量保存了災異內容，但在史學思想中突出的是重人事的一面。可以說，他是抽象地肯定天人感應說，具體地論說的是重人事的內容。

他一面說：「《易》稱有天道焉，有地道焉，有人道焉。各當其理，而不相亂也。過則有故，氣變而然也。若夫大石自立，僵柳復起，此形神之異也。男子化為女，死人復生，此含氣之異也。鬼神彷彿在於人間，言語音聲，此精神之異也。夫豈形神之怪異哉。各以類感，因應而然，善則為瑞，惡則為異。瑞則生吉，惡則生禍。精氣之際，自然之符也。故逆天之理，則神失其節而妖神妄興；逆地之理，則形失其節而妖形妄生。逆中和之理，則含血失其節而妖物妄生。此其大旨也。……故通於道正身以應萬物，則精神形氣各返其本矣。」（卷十三）

他承認有天道，有人道和地道，也提到災異問題，但在評價具體歷史事件時，又是另一副模樣，論說昌邑王之廢時，說：「昌邑之廢，豈不哀哉……故曰有六主焉，有王主、有治主，有存主，有哀主，有危主，有亡主……是以昔者明王戰戰兢兢，如履虎尾，勞謙日昃，夙夜不怠，誠達於此理也。故有六王，亦有六臣，有王臣，有良臣，有直臣，有具臣，有嬖臣，有佞臣。……六主之有輕重，六臣之有簡易，其存亡成敗之機在於是矣，可不取而深鑒乎。」（卷十六）

他把人君分成六種、人臣也六種，這完全是從人事作用上談歷史的盛衰。漢易在轉型時期從荀悅的史論上體現出來。

這裡，我們附帶地說一下陳壽《三國志》的史評，看看易學在陳壽史評上的影響。陳壽也講天命，但對讖緯學說作了批判，他在《三國志・劉二牧傳》中，評論劉璋說：「……劉歆見圖讖之文，則名字改易，終於不免其身，而慶鍾二主，此則神明不可虛要，天命不可妄冀，必然之驗也……（劉）璋才非人雄，而據土亂世，負乘致寇，自然之理，其見奪取，非不幸也。」

陳壽說的「天命」，實際上含有一種歷史必然的思想。「負乘致寇」是《解》卦的

「六三」爻爻辭：「負且乘，致寇至，貞吝。」其「象」曰：「負且乘，亦可丑也。自我致戎，又誰咎也。」就是說，劉璋無能，是引寇入室，是咎由自取。這裡要注意的，一是強調人事作用，二是，其解《易》風格近於《費氏易》無章句，徒以《象》解《經》。陳壽書史反映出時代易學的變化。

三、王弼的易學與袁宏論史

王弼的易學出現，在易學發展過程中是水到渠成。它作為三玄之一，成為玄學的組成部分之一。易學與老、莊融會成一種新的學術，易學在玄學中的意義，可以歸結為這幾點。一是易學的變通思想豐富了老莊辯證思想。特別是講社會盛衰變化的思想，對理解歷史是具有特殊的意義。二是易學在講變化中，特別強調位、時、勢的條件思想，對老莊思想具有糾偏的意義。三是易學中豐富的重人事觀點，對老莊思想同樣是起了糾偏的意義。四是《易》中的講倫理綱常、名分、等級內容、彌補了老莊所缺。作為玄學，是不拘名教，是一次中世紀的個性解放。因此，它要長期為封建統治者所重視，是很困難的，最後只能走上儒玄合流的途徑，而玄學中的易的成分，便是這種變化的內在根據之一。所以，後來宋明理學中的易學成為歷史興衰論的基礎，便是可以理解的了。

王弼的易學觀點保存在他的《周易注》與《周易略例》中。他的易學的特點，可以歸結為以下諸端。

第一，言《易》，重在對義理的理解、體悟。「夫象者，出意者也；言者，明象者也。……故言者，所以明象，得象而忘言；象者，所以存意，得意而忘象。」「得意在忘象，得象在忘言。故立象以盡意，而象可忘也；重畫以盡情，而畫可忘也。」（《周易略例・明象》）這裡我們應當體會到，王弼重義理，但並不是否定象數的意義。只不過認識事物不停留在象畫上面，應當進一步昇華。易學到了王弼，不只是擺脫了兩漢象數的繁瑣、神秘，重要的是體現了人們對世界、宇宙以及社會人事認識的昇華；雖然他也沒有完全擺脫神秘的氛圍。所謂「忘」者，是昇華的表現；非「無」象數之謂。後人多執此以批評王輔嗣，實不達大旨。

第二，一爻為主論。「凡《彖》者，統論一卦之體者也。一卦之體者，必由一爻為主。」（《周易略例・略例下》另參《明彖》等。）這裡有不同情形，我們不做詳細討論，可以體會的是，這是說，討論事物運動變化，應當從主要矛盾方面入手。

第三，明爻當以通變思想。這就是說對易的變化，不可以一定的說教、一定的觀念進行解說。世界上事物變化無窮，各種現象更是錯綜複雜，執一則賊道。王弼對《易・繫辭》的通變思想做了發揮，說：「範圍天地之化而不過，曲成萬物而不遺。通乎晝夜之道而知，故神無方而《易》無體，一陰一陽而無窮。」

從史學思想上說，王輔嗣把易學從神學天人感應說中解脫出來，在一定意義上說，對史學家恢復古代易學變通思想以論歷史盛衰，提供依據；強調認識事物應當加以抽象昇華，象、言、意三者是認識的三個階段，但重要的是得「意」，史學理論的價值也在這裡。認識大千世界萬事萬物變化，不是在得「象」，而是要昇華，得「意」；要從大體上言盛衰、變化；要結合事物變化的時、位等方面條件，言社會的更革。這些對以後的史論產生積極的影響。宋代的理學家的史論，是在史學思想領域內體現出王弼易學的精神。

玄學本身是多種學術的融會，這一點和兩漢時期的學術大綜合相比較，其差別是明顯的。兩漢學術在實際上並沒有完成學術匯於一的任務。司馬談、司馬遷父子力圖融會各家的學術，進行學術大總結，最後寫出了史家一家之言的《史記》，但他的思想並沒有在社會思潮中成為占支配地位的思想。董仲舒努力罷黜百家，他是以獨尊今文經學面孔出現的儒家，「百家」也沒有被「罷黜」，只是把圖讖緯書等拉在一起，從而構造出兩漢主體學術的駁雜景觀。

應該說，玄學是融會老莊與易而形成的一種新的學術。易學作為玄學中一個成分，起的積極作用，我們已有分析。這個問題還應當繼續思考。在玄學思潮下，史學也受到影響，袁宏的《後漢紀》就是一個典型。

從東漢末的清議，到清談，從解剖社會問題，到理論思辨，是認識的發展。魏晉玄學歷經正始、竹林、元康各個階段，最後是玄學與儒學的合流。曹魏正始期玄學的代表人物是何晏、王弼。他們認為世界的本體是「無」，天地萬物都是以無為本，主張以儒家名教為末，以道家的自然無為，來治理社會。西晉初年的竹林期的玄學代表人物是阮籍、嵇康，重要的人物有所謂的「竹林七賢」，「陳留阮籍、譙國嵇康、河內山濤，三人年皆相比，康年少亞之。預此契者，沛國劉伶、陳留阮咸、河內向秀、琅邪王戎。七人常集於竹林之下，肆意酣暢，故世謂『竹林七賢』」（見《世說新語》卷二十三《任誕》）。西晉後期的玄學代表人物是郭象，認為「有」自生自化，調和儒道名教觀。玄學家尤其是郭象等著重從《莊子》中發掘思想內涵。

馮友蘭先生在《中國哲學史新編》第四冊對玄學的評價是：

玄學「辯名析理」的方法提高了中國哲學的理論思維能力，它所講的「後得的混沌」提高了人的精神境界，它所闡發的超越感，解放感，構成了一代人的精神面貌，所謂晉人風流。但脫離實際是它最大的缺點。怎樣糾正這個缺點是後來宋明道學的任務。❶

馮友蘭先生指出了魏晉玄學的意義與不足，從總體上來說，是完全正確的。但是，如果考慮到袁宏的史學與玄學，也要指出袁宏特別看重的是《易》，並且把史學與玄學結合起來，在實際上已經在糾正玄學的缺點。袁宏援玄入史，以《易》解史，很有特點。他有一段論說《六經》與諸子的話，以下棋一事為引子，說：

夫奕者之思，盡於一局者也；聖人之明，周於天下者也。苟一局之勢未嘗盡同，則天下之事豈必相襲哉。故記載廢興，謂之《典》《謨》；集敘歌謠，謂之《詩頌》；擬議吉凶，謂之《易象》；撰錄制度，謂之《禮儀》；編述名跡，謂之《春秋》。然則經籍者，寫載先聖之軌跡者也。聖人之跡不同如彼，後之學者欲齊之如此，焉可得哉？故曰：「《詩》之失愚，《書》之失誣，《易》之失賊，《禮》之失煩，《春秋》之失亂」，不可不察。聖人所以存先代之禮，兼六籍之文，將以廣物慣心，通於古今之道。今去聖人之世，幾將千年矣，風俗民情，治化之術，將數變矣。而漢初諸儒多案《春秋》之中，復有同異……昔仲尼沒而微言絕，七十子喪而大義乖，諸子之言紛然殽亂。太史公（司馬）談判而定之，以為六家；班固演其說，而明九流。觀其所由，皆聖王之道也。支流區別，各成一家之說。夫物必有宗，事必有主，雖治道彌綸，所明殊方，舉其綱契，必有所歸。尋史談之言，以道家為統；班固之論，以儒家為高。二家之說，未知所辯……故道明其本，儒言其用，其可知也矣。（《後漢紀》卷十二。下引《後漢紀》，僅於文中注明卷數）

這可以說是袁宏的《諸子要旨》論，他強調對六藝的態度，是「存先代之禮，兼六籍之文，將以廣物慣心，通於古今之道」。諸子之說各異，但最後「必有所歸」。他強調的「同」，其傾向是「道明其本，儒言其用」。這也是這個時期的玄學的特點。對他的玄學、易學以及史學思想，可以再作進一步分析。

首先，透過闡發易理，提出「天人之理」。他說：「夫生而樂存，天之性也；困百思通，物之勢也；愛而效忠，情之用也。故生苟宜存，則四體之重不可輕也；困必宜通，則天下之欲不可去也，愛必宜用，則北面之節不可廢也。此三途者，其於趣捨之分，則有同異之辨矣。統體而觀，亦各天人之理也。是以君子行己業，必所托焉。古之道術，有在於此者，明夷隱困而不恥，箕子之心也……是以聖人知天理之區別，即物性之所托，混眾流以弘通，不有滯於一方，然後品類不失其所，而天下各遂其生矣。」（卷十七）

這裡的「天人之理」包含著三層意思，其一，天之性、物之勢和情之用，不是一回事，但總體而觀，各為「天人之理」的體現。重生，存慾，講「北面之節」，即「禮」，三者有同異，但「亦各天人之理」。其二，這種天人之理是社會中人行動的準則。其三，人群有區分，也是天人之理的差別。袁氏所論和宋儒的天理說不完全一樣，但可以看出兩者又有相通的地方。袁氏從陰陽二氣相互作用以闡發這種「理」，說：

夫物有方，事有類。陽者從陽，陰者從陰。本乎天者親上，本乎地者親下，則天地人物各以理應矣。故干其一物，是虧其氣，所犯彌眾，所以寒暑不調，四時失序，蓋由斯也。……由斯觀之，自三代以下，刑罰失中，枉死無辜幾將半，而欲陰陽和調、水旱以時，其可得乎？若能寬以臨民，簡以役物，罰懼其濫，雖不能萬物調暢，同符在昔，免夫甚泰之災，固遠矣。（卷十一）

這些地方，我們以後在宋儒那裡，如程頤的《伊川易傳》中，找到類似的議論。袁氏進而由《易》理論定綱常等級的「自然之理」。他說：「《易》稱『地道無成而代有終』，禮有婦人三從之義。然則後妃之在於欽承天敬恭中饋而已。故雖人母之尊，不得令於國。必有從於臣子者，則柔之性也。夫男女之別，自然之理；君臣酬咨，通物所因也。故百司並在，相與率職，必祠焉而後行。故有朝會享燕之禮、造膝請問之事，此蓋內外之分，不可得而同者也。古之王者，必闢四門，開四聰，兼親賢而聽受焉，所以通天下之才而示物至公也……三代之道也。」（卷十二）

袁宏在史論中提出的名教思想，一方面強調名分等級，又一方面以「任自然」的觀點賦予名教論以新內涵，因而和儒家的名教論又有差別。這些和他的易學又是緊密聯繫在一起的。

其次，解《易》以論說歷史借鑒對於帝王的重要性。他說：「《書》稱『協和萬邦』，《易》曰『萬國咸寧』……由此觀之，五等之治，歷載彌長，君臣世及，莫有遷去。雖元首不康，諸侯不為失政；一國不治，天下不為之亂。故時有革代之變，而無土崩之勢。郡縣之立，禍亂實多……夫安危之勢，著於古今，歷代之君，莫能創改，而欲天下不亂，其可得乎？嗚呼，帝王之道，可不鑒歟？」（卷七）

如果說，上面所引，還是從《易》與《書》的詞句內容上得到的啟發，那麼下面一段話，則表明袁宏是從漢晉的《易》學中領悟到從政、更革應遵循的一般原則。

他說：「夫東方者，萬物之所始；山岳者，靈氣之所宅。故求之物本，必於其始，取其所通，必於所宅……故自黃帝、堯、舜，至於三代，各一封禪，未有中修其禮者也。雖繼體之君，時有功德，此蓋率復舊業，增修前政，不得仰齊造國，同符改物者也。夫神道貞一，其用不煩；天地易簡，其禮尚質。故藉用白茅，貴其誠素，器用陶匏，取其易從。然則封禪之禮，簡易可也。」（卷八）

袁宏由卦氣說，指出震、東方是萬物所始，說明了為政者要意識到「求物之本，必於其始」，強調的是繼承性的一面，體現出道家為政的「無為而治」的精神，以易簡思想與無為而治論點相調和。

他在另一處說：「自古在昔，有治之始，聖人順人心以濟亂，因去亂以立法……資大順以臨民，上古之道也。通分理以統物，不易之數也。降逮中世，政繁民弊。牧之者忘簡易之可以致治，御之者忽逆順之所以為理，遂墜先王之大務，營一時之私議，於是乎變詐攻奪之事興，而巧偽奸吏之俗長矣。」（卷六）

再者，論定在亂世治理天下與保全性命有內在的一致性。他說：

夫金剛水柔，性之別也；員行方止，器之異也。故善御性者，不違金水之質；善為器者，不易方員之用。物誠有之，人亦宜然。故肆然獨往，不可襲以章服者，山林之性也；鞠躬履方，可屈而為用者，廟堂之材也。是以先王順而通之，使各得其性，故有內外隱顯之道焉。末世凌遲治亂多端，隱者之作，其流眾矣。或利競滋

興，靜以鎮世；或世難迍邅，處以全身……（卷五）

在另一處，他直接以《易》論說這一思想。說：「《易》曰：『無咎無譽』，衰世之道也。若夫潔己而不污其操，守而善而不遷其業，存亡若一，滅身不悔者，此亦貞操之士也。嗚呼！天道之行，萬物與聖賢並通。及其衰也，君子不得其死，哀哉。」（卷三）這表明他對歷史前途的認識上缺乏信心，慨嘆在亂世「君子不得其死」的結局。

另外，反對讖緯。他說：「若夫讖記不經之言，奇怪妄異之事，非聖人之道。世祖中興，王道草昧，格天之功，實賴臺輔。不徇選賢，而信讖記之言，拔王梁於司空，委孫臧於上將，失其方矣。苟失其方，則任非其人，所以眾心不悅，民有疑聽，豈不宜乎？梁實負罪不暇，（孫）臧亦無所聞焉。《易》曰：『鼎折足，覆公餗。』此之謂也。」（卷三）

這段引自《鼎・九四》爻辭，意味著讖記與《易》的思想是相悖的。《鼎・九四》的「象」辭是：「『覆公餗，信如何也』」，也是袁氏解說中「眾心不悅，民有疑聽，豈不宜乎」這一段話發揮的依據。這種解《易》的方式，是言義理的《費氏易》的特點。

袁氏著重闡發《易・繫辭》中的通變思想、重人事思想，「經綸治體，用之人之道。」他說：

> 夫天地之性，非一物也；致物之方，非一道也。是以聖人仰觀俯察，而備其法

象，所以開物成務，以通天下之志。故有神道焉，有人道焉。微顯闡幽，遠而必著，聰明正直，遂知來物，神之所為也。智以周變，仁以博施，理財正辭，禁民為非，人之所為也。故將有疑事，或言乎遠，必神而明之，以一物心。此應變適會，用之神道者也。辯物設位，官方授能，三五以盡其性，黜陟以昭其功，此經綸治體，用之人道者也。故求之神物，則著策存焉；取之人事，則考試陳焉。是故善為治者，必體物宜，參而用之，所以作而無過，各得其方矣。（卷三）

他又說：「《易》稱『天之所助者順，人之所助者信。』然則順之與信，其天人之道乎，得失存亡，斯亦性命之極也。夫向之則吉，背之則凶，順之至也。推誠則通，易慮則塞，信之極也。順之與信，存乎一己者也。而吉凶通塞，自外而入，豈非性命之理，致之由己者乎？夫以六合之大，萬物之眾，一體之所棲宅，猶秋毫之在馬背也。其所資因，小許處耳。」（卷二十一）

袁宏指出天人之道，天助與人助是兩個方面，天助則順，人助則信，似乎是折衷的觀點，但他以為「順之與信存乎一己也」，落腳點在「己」。

袁宏後七十年是范曄，他是我國南北朝大史學家，在中國史學史上占有相當重要的地位。這裡也附帶介紹他以易理論史的特點。范曄談得失、存亡原因，在天人關係上，同樣強調的是人事。只是范氏以易論史，儒家氣更濃，表明了史學家著重以儒學理論解釋歷史的變化，思考歷史的出路。在總結歷史興亡上，范曄著眼點是在人事作為上；論及東漢的興起，他已經將天命說放在一邊。

《後漢書》的中興二十八將是一個很好的例子，說：「中興二十八將，前世以為上應二十八宿，未之詳也。然咸能感會風雲，奮其智勇，稱為佐命，亦各志能之士也。」（《後漢書》卷二十二《朱景王杜列傳》）

但是，范曄並沒有徹底否定天命。說到東漢光武帝興起，是另一副腔調，說：「皇考南頓君初為濟陽令，以建平元年（前六）十二月甲子夜生光武於縣舍，有赤光照室中……是歲縣界有嘉禾生，一莖九穗，因名光武曰『秀』……後望氣者蘇伯阿為王莽使至南陽，遙望見舂陵郭……唶曰：『氣佳哉，鬱鬱蔥蔥。』及始起兵還舂陵，遠望舍南，火光赫然屬天，有頃不見。初道士西門惠、李守等，亦曰劉秀當為天子。其王者受命，信有符乎？不然，何以能乘時龍而御天哉。」（《後漢書》卷一下《光武帝紀》）以解《易》的語句「乘時龍而御天」，再附會卦氣，又保留了圖讖說。但范曄和宣布「漢紹堯運」的班固，還是有差別。

他對天命符驗一套不再堅持。說：「天命符驗，可得而見，未可得而言也。然大致受大福者，歸於信順乎！夫事不以順，雖強力廣謀，不能得也。謀不可得之事，日失忠信，變詐妄生矣，況復苟肆行之，其以欺天乎！雖假符僭稱，歸將安所容哉」（《後漢書》卷七十五卷《袁術傳》）。值得注意的是范氏對兩漢的孟京《易》以及各讖緯之書，有一個總的分析，他說：

仲尼稱《易》有君子之道焉。曰：「卜筮者尚其占。」占也者，先王所以定禍福，決嫌疑，幽贊於神明，遂知來物者也。若夫陰陽推步之學，往往見於墳記矣。然神經怪牒，玉策金繩，關扃於明靈之府，封縢於瑤壇之上者，靡得而窺也。至乃《河》、《洛》之文，龜龍之圖，箕子之術，師曠之書，緯候之部，鈐決之符，皆所以探抽冥賾，參驗人區，時有可聞者焉。其流又有風角、遁甲、七政、元氣、六日七分、逢占、日者、挺專、須臾、孤虛之術，及望雲省氣，推處祥妖，時亦有以效於事也。而斯道隱遠，玄奧難原，故聖人不語怪神，罕言性命。或開末而抑其端，或曲辭以章其義，所謂「民可使由之，不可使知之」。（《後漢書》卷八十二上《方術列傳上》）

范曄沒有完全否定漢《易》，但已是存疑，著重指出這些講天人感應的易學以及其它思潮，是「斯道隱遠，玄奧難原，故聖人不語怪神，罕言性命」。史家在評史中體現出兩晉南北朝《易》學的變化。

其他如干寶、華嶠等在史學上有成就，而且他們論史與易學見解又有聯繫，這些我們將來當作進一步研究。

【註 釋】

❶《中國哲學史新編》第四冊，人民出版社，一九八六年，第二〇七頁。

第六章　易學的總結、發展與史學（上）

一、唐代學術總結思潮中的易學與史學

經過三國兩晉南北朝的大動蕩、分化、改組，歷史又走上一個新的發展的時期。隋朝如過眼煙雲，時間很短，在歷史上可以說是從分裂動蕩到大統一的仲介。經過三百多年的歷史盛衰變化，嚴酷的歷史迫使封建王朝不能不進行大總結。思考歷史的興衰得失，成為大唐君王所關心的課題。這種總結包括歷史的總結、史學總結以及經學的總結，其中又包括易學的總結。

——歷史的總結

從西晉到隋末，這三百五十多年，朝代更迭頻繁，階級矛盾、民族矛盾交織在一起，它給一代帝王提供了豐富的經驗教訓。在隋末農民大起義後建立起來的唐政權，迫切需要總結歷史經驗教訓，作為維護統治的借鑒，不過三十年時間，修成了八部正史。

唐初，有修梁、陳、北齊、北周歷朝史之舉，但沒有成書。貞觀三年（六二九）重

開修梁、陳、北齊、北周及隋五史，貞觀十年修成。這五部史書又簡稱之為「五代史」。貞觀二十年修《晉書》，二十二年成書。這已經是六部史書了，後來，李延壽又作成《南》、《北》二史，高宗顯慶四年（六五九），朝廷批准行世。這樣一共是八部史書。稍前一點，即高宗顯慶元年，《五代史志》成書，附在《隋書》中。在中國二千多年的封建社會中，歷代修成的正史是二十四部，其中三分之一是在這三十年修成的，這無疑是一次是歷史大總結。

——史學的總結

劉知幾的《史通》是繼南北朝時期的劉勰的《文心雕龍》和唐代《隋書・經籍志》後，又一部史學總結的作品，是這一時期的史學總結的代表作品。

——經學的總結和易學的總結

唐初的經學總結表現三種形態。第一種是《隋書》的《經籍志》（簡稱《隋志》），從文獻學角度對歷代經學進行總結。目錄學經過多次變化，經史子集的四部分類在正史中得到確立，成為目錄學的主流分類法，以《易》為首的經學尊崇地位得到確立。

《隋志》把經部書籍放在首要地位，在經籍中，又首列《易》類，著錄易類書籍六十九部，五百五十一卷，與《漢志》比較，《隋志》是首列《歸藏》。這部書在漢初已散佚，但把它放在易類書之首，是「以備殷易之缺」，體現出重源流的特點。關於易學著述，《經籍志》總結出易學流變過程，說：

……漢初，傳《易》者，有田何，何授丁寬，寬授田王孫，王孫授沛人施讎、東海孟喜、琅邪梁丘賀。由是有施、孟、梁丘之學。又有東郡京房，自雲受《易》於梁國焦延壽，別為京氏學。嘗立，後罷。後漢施、孟、梁丘、京氏，凡四家並立，而傳者甚眾。漢初又有東萊費直傳《易》，其本皆古字，號曰《古文易》。以授琅邪王璜，璜授沛人高相，相以授子康及蘭陵毋將永。故有費文之學，行於人間，而未得立。

後漢陳元、鄭眾，皆傳費氏之學。馬融又為其傳，以授鄭玄。（鄭）玄作《易注》，荀爽又作《易傳》。魏代王肅、王弼並為之注。自是費氏大興，高氏遂衰。梁丘、施氏、高氏，亡於西晉。孟氏、京氏，有書無師。梁、陳鄭玄、王弼二注，列於國學。齊代唯傳鄭義。至隋，王注盛行，鄭學浸微，今殆絕矣。（《隋書》卷三十二《經籍志一》）

後漢至三國魏，費氏易學盛，王肅、王弼為之注，「費氏大興，高氏遂衰」。這是一變。至西晉，梁丘、施氏、高氏學失傳，有書無師。到了梁、陳，「鄭玄、王弼二注，列於國學。齊代唯傳鄭義」。這是二變。至隋「王注盛行，鄭學浸微」。這是三變。總體來說，為費學之嬗變。《隋志》這種易學的總結，體現出考鏡源流、辨析細微特點。

《隋志》以對緯書包括《易緯》作出分析，說：「至後漢好圖讖，晉世重玄言，穿鑿妄作，日以滋生，先王正典，雜之以妖妄，大雅之論，汩之以放誕。陵夷至於近代，去正轉疏，無復師資之法。學不心解，專以浮華相尚，豫造雜難，擬為讎對，遂有芟角、反對、互從等諸翻競之說。馳騁煩言，以紊彝敘，譊譊成欲，而不知變，此學者之蔽也。」可以說，這是對緯書的系統的檢討，並且又把玄言與緯書視為一，從另一個角度看，反映出當時的學術大勢，儒玄合流讓位於儒學，儒學成為學術正宗。

第二種是對魏晉南北朝易學反思、批評。《史通》是一部總結史學的作品，但其中也有涉及到對易學的看法，對《漢書》的《五行志》進行了評論，說：「班氏著《志》，抵牾者多。在於《五行》，蕪累者尤甚，今輒條其錯謬，定為四科：一曰引書失宜，二曰敘事乖理，三曰釋災多濫，四曰古學不精。」從四個方面揭露了包括《京房易》在內的《漢書・五行志》的虛偽與錯謬。

第三種是學術理論的思考、總結。唐太宗貞觀年間，在進行史學大總結的同時，對經學也進行了一次大總結，孔穎達的《五經正義》的問世，在經學史上是一件大事。其中的《周易正義》是在尊崇王弼的易學前提下，對魏晉南北朝以來的易學進行了一次大總結。除此之外，李鼎祚的《周易集解》與崔憬的《易探玄》也是這個時期總結易學的作品。孔穎達的《周易正義》的影響最大。《周易正義》採王弼和韓康伯的注，總結漢魏的易學的要義。

──論說了「易」的根本意義與作用

孔穎達說：「夫易者，變化之總名，改換之殊稱。」（《周易正義卷首》）對於這一認識，清代的大史學思想家章學誠推崇備至，在《文史通義・易教中》開篇說：

> 孔仲達曰：「夫易者，變化之總名，改換之殊稱。」先儒之釋《易》義，未有明通若孔氏者也。得其說而推進之，《易》為王者改制之巨典，事與治曆明時相表裡，其義昭然若揭矣。

我們在論章學誠的易學與史學時，還要談及這一點。章氏經世史學思想從孔穎達的易理中得到啟發。孔穎達分析歷來有關易的含義，所謂變易、不易、簡易的意義，接著指出：「故《易》者，所以斷天地，理人倫，而明王道，是以畫八卦，建五氣，以立五常之行；象法乾坤順陰陽，以正君臣父子夫婦之義；度時制宜，作為網罟，以佃以漁，以贍民用。於是人民乃治，君親以尊，臣子以順，群生和洽，各安其性。」

──重義理，不廢象數

孔穎達論說易學的源流，認為：「惟魏王輔嗣之注，獨冠古今。」所以他作《正義》，是「先以輔嗣為本，去其華而取其實，欲使信而有徵，其文簡，其理約，寡而制眾，變而能通」（《周易正義序》）。但不廢象數，他對包括《乾鑿度》這些易緯著作，也很尊重。他在《疏》中博取眾家。這些對易學的發展固然重要，但於史學的發展也產生不可忽視的影響。宋朝的程頤等理學家，著重發揮易學的義理說，以論說歷史的變化與更革之道。

——注意到《易》中的憂患意識

在《正義卷首》中，引諸家之說，「論卦辭爻辭誰作」，說：「案，《繫辭》云：『《易》之興也，其於中古乎，作《易》者其有憂患乎。』又曰：『《易》之興也，其當殷之末世、周之盛德邪！』又《乾鑿度》云：……故史遷云：『文王囚而演《易》』，即是作《易》者其有憂患乎。鄭學之徒並依此說也。」

孔氏論卦爻辭作者時，特別強調《易》是憂患之世的產物。從時代特點上論及《易》的作者，是一種歷史意識。龔自珍說：「良史憂世」，也是《周易》的史識和繼承。

唐代史家在歷史大總結中，運用通變思想來評論史事，只有在這個方面，我們就可以看出易理在史學中的意義。魏徵說：「聖人舉事，貴在相時，時或未可，理資通變。」（《全唐文》卷一百四十二）以「時」作為通變思想的核心內容。《隋書》的《虞世基傳》引虞氏的《講武賦》，說：「夫玩居常者，未可論匡濟之功，應變通者，然後見帝王之略。」此外，唐太宗為《晉書》的《宣帝紀》寫「論」，指出治亂無常，「順理而舉易為力，背時而動難為功」，提出了「順理」而治，在歷史興衰中的意義。這些地方沒有直接引用《易》，但可以體察出作者的認識中具有的易學觀念。

但是我們也看到，唐代學術總結，從總體上看，是太宗努力尋找治世的經驗，他關心的是歷史盛衰的經驗教訓，沒有匯合各種學術以形成一種新的學術。易學的義理在史書中被引用，但只有和其它經籍一道用來說明歷史的具體經驗，而沒有從《易》的思維方式中得到對世界、社會、歷史的深刻理解。因而唐代的易學總結與史學總結沒有融成一個有機的整體，所以各種流派學術沿著各自的途徑向前發展。

到了唐中期以後，經歷了大歷年間經學變化，學術總結向著更高方向發展。當時思潮是複雜的，「言『理』『道』者眾」。（《柳河東集》卷三十一《與呂道州溫論非國語書》）就實際情形來看，有這樣幾種情形，一是韓愈的嚴守儒家道統觀。一是駁雜的談「理」與「道」的觀點，柳宗元批評這種人是「其言本儒術，則迂迴茫洋而不知所適」。還有就是柳宗元的以儒家為主，融會儒、道、釋各家的「理道」論，不但要融會各家的學術，還要把《易》與《論語》「同而通之」（《柳河東集》卷二十五《送僧浩初序》）。柳宗元的主張預示著學術將要發生的變化。在融會儒釋道基礎上產生出一種新的學術，即理學，是學術發展的必然。《易》學在新的學術中是一種生動活潑的辯證法的因素，對未來的史學產生多方面的影響。

二、宋代易學發展與史學

宋代史學家除歐陽修、司馬光、朱熹外，其他如李燾、李心傳、呂祖謙、洪邁、王應麟以及元代的馬端臨、胡三省等在理學史、易學史上都是有成就的。其易學形成他們的理學觀念，也是他們歷史觀的哲理基礎。理學家程頤是宋代義理易學的代表，是理學家，在史學思想史上同樣有很重要的地位。象數派易學代表人物邵雍的歷史觀、古史觀，有他獨到的見解。

清代《四庫全書總目》的作者，曾經將易學分成兩派六宗。說：

……而《易》則寓於卜筮，故《易》之為書，推天道以明人事者也。《左傳》所記諸占，蓋猶太卜之遺法。漢儒言象數，去古未遠也，一變而為京、焦，入於機祥；再變而為陳、邵，務窮造化，《易》遂不切於民用。王弼盡黜象數，說以老莊，一變而為胡瑗、程子，始闡明儒理；再變而李光、楊萬里，又參證史事，《易》遂日啟其論端，此兩派六宗已互相攻駁。（《四庫全書總目・經部一》）

象數與義理兩派在宋代都是一個重要的發展階段，但我們應當看到，宋代的義理派易學代表人物，歐陽修是應當提及的，其重要性不在胡瑗之下。以史證易，也不當始於李光、楊萬里。實際上，以史解易在歐陽修、司馬光那裡，已經看得很清楚。即使是象數派、圖書派，又何嘗不言史？

關於宋代易學傳授源流，《宋史・朱震傳》說：陳摶以《先天圖》傳種放，（種）放傳穆修，穆修傳李之才，之才傳邵雍。（種）放以《河圖》、《洛書》傳李漑，（李）漑傳許堅，許堅傳范諤昌，諤昌傳劉牧。穆修以《太極圖》傳周敦頤，敦頤傳程

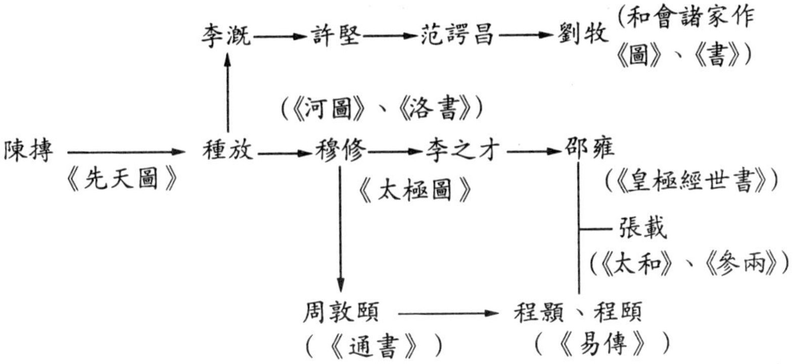

顥、程頤。是時，張載講學於二程、邵雍之間。故雍著《皇極經世書》，（劉）牧陳天地五十有五之數。敦頤作《通書》，程頤著《易傳》，（張）造太和、參兩篇。我們可以列上表以示之：

對於這樣的嚴整的傳授系統，對於這種傳授源流，源頭又歸結為陳摶一人，對此，學人之間有不同的看法，我也不相信，姑備一說吧。又如張載是否是「講學於二程之間」，學者看法也不盡一致。但我們大致可以看出易學兩派在宋代的學脈狀況。

宋代易學的發展，學派繁榮、學理繁富，這些方方面面的進展，都是以前所沒有的。我們還要注意到，宋易發展，還體現在它基本上摒棄了漢易粗鄙的天人感應的理論；宋易作為理學的哲理基礎，融會成一種新的學理，這就是理學，有人稱之為新儒學（Neo－Confucianism），完成了魏晉玄學未竟之業。

兩宋的易學對史學產生的影響，可以歸結為以下幾個方面。

——貫通思考天人古今的變化與發展

《皇極經世書》是貫通天人古今的一部著作。以元會運世日月星辰，編排宇宙與歷史的行程，編列出由陰陽剛柔相交到人的出現、唐堯以後的中國歷史，從開物到閉物，人類社會歷史在整個宇宙運動中只是一個極小的階段。在這樣的過程中，歷史經過皇帝王霸各個時段。再如周敦頤的易學也是編織天人宇宙的結構圖式。把天地形成、男女出現到社會等級結構的形成，用一圖式展示，表達自己對歷史的理解。

——對人類起源與初民社會提出自己的看法，從而豐富了古史觀念。

無論是義理派還是象數派的易學家，在這方面都有貢獻。如二程從陰陽說氣，又以氣解釋「人」的出現，肯定「太古之時，人物同生」和「純氣為人，繁氣為物」的觀點（《程氏遺書》卷十八）。邵雍說明人的出現，還從體徵上與飲食結構不同方面，指出人與動物的區別，說：「人之骨巨而體繁，木之幹巨而葉繁，應天地之數也。動者，體橫；植者，體縱。人宜橫而反縱也。飛者，食木；走者，食草，人皆兼之而食飛、走也，故最貴於萬物也」（《皇極經世書》卷十二《觀物外篇上》）。朱熹也有類似的論述。

——由易理的闡發，論說天理支配歷史的興衰變化，特別是要提出的是一些易學家在解易中，顯示出的思考歷史興衰變通的史學認識。

楊萬里說：「易者，何也？易之為言變也，易者，聖人通變之書也。何謂變？蓋陰陽太極之變也。五行，陰陽之變也。人與萬物，五行之變也；萬事，人與萬物之變也。古初以迄於今，萬事之變未已也。其作也，一得一失；而其究也，一治一亂。聖人有憂焉，於是幽觀其通而逆紬其圖。《易》之所以作也，《易》之為言變也，故《易》者，聖人通變之書也」。（《誠齋易傳原序》）但他把《易》之通變歸結為「中正」，則又是不通的一面。

而王應麟由《易》來論述歷史過程，說到封建井田問題時說：

> 「乾」、「坤」之次「坎」。曰：建侯封建之法與天地並立，至秦始變。賈山有言：周蓋千八百國。以九州之民，養千八百國之君，用民之力，不過歲三日，什一而籍，君有餘財，民有餘力而頌聲作。秦皇帝以千百八國之民自養，力罷不能勝其役；財盡不能勝其求。以是觀之，封建，天下之公也；郡縣，一人之私也。（《通鑑答問》卷二《分天下為三十六郡》）

以易理說歷史過程，認為秦以前是公天下，秦以後是私天下，這個觀點和朱熹相通，和馬端臨相近。

——由論易學進而述說學術的淵源流變。

李心傳是大史學家，他寫有《建炎以來系年要錄》與《建炎以來朝野雜記》二書，「為史家所重，而經術亦頗究心」（《四庫全書總目》卷三）。他所作的《丙子學易編》在論學術淵源上，很能看出特色來。

——以易理論說社會變革，這些在下面要著重說明的。

——在文獻上對《易》的著錄達一個新的水平。

除正史的《藝文志》、《通志·藝文略》外，應當提到的是馬端臨的《文獻通考》的一百七十五、一百七十六兩卷對易學著作的著錄。馬貴與發揚了考鏡源流的學術精神，重視收錄了列代學人對易學著作和學者的評論。馬端臨的父親馬廷鸞在評《鄭東卿易卦疑難圖二十五卷》說：「此書本五行卦氣之說，而象數義理出焉。無朱子發之瑣碎、戴師愈之矯偽。讀之時有會心之者，必宿儒所著。」而這一點又為馬端臨在評《伊川易傳》時加以發揮，說：

> 按，伊川之《易》精於義理，而略卜筮象數，此固先儒之說，然愚以為，《易》之象數卜筮豈出於義理之外？嘗蓋有此理則有此象、有此數。而卜筮之說，其所謂趨吉避凶、惠迪從逆云者，又未嘗不一出於義理。平時本諸踐履，則觀象玩辭，此義理也；一旦謀及卜筮，則觀變玩占，亦此義理也。初不必岐而二之。
>
> 然言出聖賢之口，則單辭片語皆有妙理。假借旁通悉為至教，往往多借《易》以明理，初不拘於說《易》也，自夫子而然矣。何也？君子學以聚之，問以辨之，寬以居之，仁以行之，為《乾·九二》而言也，而《乾》之「九二」豈有學問寬仁之義乎？日往則月來，月往則日來，日月相推而明生焉；寒往則暑來，暑往則寒來，寒暑相推而歲成焉，為《咸·九四》而言也，而《咸》之「九四」豈有歲時代

> 謝之義乎？蓋其初因講《易》，遂借《易》以言理，言理雖精，而於《易》此卦此爻之旨則遠矣。如程子因「君子豹變」而發為自暴自棄之論，因「君子得輿」而發為「匪風下泉」之論，亦是意也。晦庵所謂不看本文，自成一書者是已。（《文獻通考》卷一百七十六《經籍考三》）

馬廷鸞、馬端臨父子是宗朱子學，但又有心學的痕跡。這就是馬端臨會象數與義理為一的路數。南宋到元，朱子學大興，但朱陸合流，學者在宗朱的同時，很多偏向於陸。馬氏父子的易學與史學都反映這個特點。

第七章　易學的總結、發展與史學（下）

宋仁宗慶曆年間學術發生一大變，疑古思潮波及到易學，疑《繫辭》，辨《河圖》、《洛書》，是一個重要的內容。發明經旨是當時思潮的另一個方面，易學為興起的理學提供了哲理的基礎。史學思想的變動體現出易學的影響。

在論說易學對史學影響的一般表現後，有必要就幾個主要史學家作一點細致分析，以見易學與史學變化的因緣聯結。

一、歐陽修的易學、理學與史學

歐陽修在我國學術史上占有相當重要的地位，他是一位政治家、思想家，也是開風氣的偉大的文學家、史學家。深入研究歐陽修在每一個領域的成就，有助於從整體上思考歐陽修的學術與學風的特徵；也只有從整體上把握歐陽修的學術精神，我們才能更好地理解歐陽修在每一個領域內學術上的特色。

歐陽修的史學與他的理學緊密聯繫在一起，而他的理學又是和他的易學見解相聯結。可以說，歐陽修的易學是他的理學基礎，而他的理學又是他的史學思想的哲理基礎。因此，把歐氏的易學、理學與史學聯結在一起思考，才能更好地認識廬陵史學的特點。

宋代理學始於安定（胡瑗）、泰山（孫復）、徂徠（石介）三先生，「始以師道明正學」。歐陽修在宋代理學上占有重要的地位，他是宋代理學先驅者之一。全祖望在《慶曆五先生書院記》中說：

> 有宋真、仁宗之際，儒林之草昧也。當時濂、洛之徒方萌芽而未出，而睢陽戚氏在宋，泰山孫氏在齊，安定胡氏在吳，相互講明正學，自拔於塵俗之中。亦會值賢者朝，定陽韓忠獻公、高平范文正公、樂安歐陽文忠公皆卓然有見於道之大概，左提右挈，於是學校遍於四方，師儒之道以立。而李挺之、邵古叟輩以經術和之。說者以為濂洛之前茅也。（《宋元學案》卷三《高平學案》）

歐陽修作為濂洛前茅之一，他對理學發生發展的貢獻，可以從以下幾點加以說明。

首先，他勇於疑經，張起疑古辨偽的旗幟，特別是對《易》、《詩》等的認識上，有一種清醒的意識。這為經學變化、理學的興起，廓清了道路。宋人學術風氣至宋仁宗慶曆年間發生一大變化。其中一個主要方面是疑古辨偽思潮的出現。陸游說：「唐及國初，學者不敢議孔安國、鄭康成，況聖人乎！自慶曆後，諸儒發明經旨，非前人所及；然排《繫辭》、毀《周禮》、疑《孟子》，譏《書》之《胤征》、《顧命》，黜《詩》

之《序》，不難於議經，況傳注乎？」（《困學紀聞》卷八《經說》）

宋代社會政治經濟的發展，上層建築要隨著變化。舊有的意識形態為適應新的形勢，從內容到形式都必須更新，疑古辨偽是舊的突破，也是新的意識形態產生的前提與條件。歐陽修在宋人的疑古辨偽中是開風氣的人物，他自稱自己是孔子以後二千年來敢於疑古的第一人。他說：

余嘗哀夫學者知守經以篤信，而不知偽說之亂經也，屢為說以黜之，而學者溺於其久習之傳，反駭然非餘以一人之見，決千歲不可考之是非，欲奪眾人之所信，徒自守而世莫之從也。餘以謂自孔子沒至今，二千歲之間，有一歐陽修者為是說矣。又二千歲，焉知無一人焉與修同其說也。（《居士集》卷四十三《廖氏文集序》）

在篤信經傳的中國中古時期，歐陽修敢於力排舊說，對傳統經籍和後儒的傳注，提出質疑，打起辨偽大旗，疑《易傳》、疑《詩序》、疑《周禮》，開一代新風。歐陽修在易學上一個重大的貢獻，提出《十翼》非孔子作，這也是他在當時辨偽思潮中，最引人注目的地方之一。他說：

童子問曰：《繫辭》非聖人之作乎？曰：何獨《繫辭》焉，《文言》、《說卦》而下，皆非聖人之作，而眾說淆亂，亦非一人之言也。（《易童子問》卷三）

他從語言文字上，從經傳之間關係上，指出《易傳》為聖人之作的說法，不可相信。歐陽修在同一篇文章中說：「余之所以知《繫辭》而下非聖人之作者，以其言繁衍叢脞而乖戾也。」《文言》中的「子曰」是經師解經之言，《說卦》、《雜卦》為「筮人之占書」，《易傳》不是聖人所作，也不是一人之言。他甚至說，《繫辭》是「僭偽之書」，又說：「《十翼》不知起於何人？自秦漢以來，大儒所不論也。」

對《河圖》、《洛書》，歐陽修也提出質疑，說：「河出《圖》，洛出《書》，聖人幽贊神明而生蓍；兩儀生四象，若此者，非聖人之言也。凡學之不通者，惑此者也。知此，然後知《易》矣」（《居士外集》卷十《易或問》）。《河圖》、《洛書》等，是曲學之士牽合以通其說造出來的。

這些看法表明歐陽修在學術上的一種清醒意識。他分析歷來學者對《易》的幾種態度，特別稱道這樣一種見解，說：「《易》之為書，無所不備。故為其說者，亦無所不之，蓋滯者執於象數以為用，通者流於變化而無窮。語精微者務極幽深，喜誇誕者不勝其廣大，苟非其正，則失而皆入於賊。若其推天地之理，以明人事之始終，而不失其正，則王（弼）氏超然遠出於前人。惜乎不幸短命，而不得卒其業也。張子（載）之學，其勤至矣，而其說亦詳焉，其為自序，尤所發明」（《居士外集》卷十四《張令注〈周易〉序》）。因此，他推崇易的義理之學，歐陽修沿著這個治易方向發展自己的學術，撥去歷代學人加在《周易》上的雲山霧罩。

此外，他在疑《周禮》、辨《詩序》上也都是十分突出的。《四庫全書總目》的作者說：「自唐以來，說《詩》者，莫敢議毛、鄭，雖老師宿儒，亦謹守《小序》。至兩宋而新義日增，舊說幾廢，推原所始，實發於歐陽修。」（見該書卷十五）此外，在辨古史等方面，歐陽修也是敢於突破前人陳見，提出自己的獨到的見解（見《居士集》卷四十三《帝王世次圖序》）。

應該看到，歐陽修的疑古辨偽是要恢復經的本來面目，「經之所書，予所信也；經所不言，予不知也。」他反對的是舊經學對《經》的歪曲，說「《經》不待《傳》而通者，十七、八；因《傳》而惑者，十五、六」（《居士集》卷十八《春秋或問》）。歐陽修從「致用」的角度認識《經》，這種「用」首先在傳聖人之道。「六經，萬世之法。」知古明道，在習經，曲學之士解經，失經之本意。通過辯論以求經之本意終而達到明道的目的。這其間，他特別強調恢復《易》之本來面目，具有重要的意義，因為：「六經皆載聖人之道，而《易》著聖人之用。」（《居士集》卷四十二《送王陶序》）歸結起來，是要求突破舊經學的束縛，恢復古代經籍本來的面目，以建立新的理論體系，這些是理學產生的必要前提。

其次，通過闡釋《易》學的精蘊，提出「理」的論述。歐陽修的易學著作主要的有《易童子問》三卷，其它如《易或問》、《明用》、《傳易圖序》、《張令注〈周易〉序》以及《送張唐民歸青州序》等篇章，都闡發對易學的見解，並進而表述了關於理的認識。他從《周易》論述自然和社會變化的思想中，體會出事物發展之「理」的要義，

「困極而後亨，物之常理也」（《易童子問》卷二）。他又說：「凡物極而不變，則弊；變則通。故曰：吉也。物無變，變無不通，此天理之自然也。」（《居士集》卷十八《明用》）這裡明確提出「天理」的概念。

這種天理他又稱之為「道」。道是高於萬物、支配萬物的，他說：「道無常名，所以尊於萬物；君有常道，所以尊於四海。然則無常以應物為功，有常以執道為本，達有無之至理，適用舍之深機，詰之難以言窮，推之不以跡見」（《筆說·道無常名說》）。理是客觀的一種必然。理又是世界的矛盾運動對立雙方轉化的體現，「『物莫能兩大』，此自然之勢也……夫物極則反，數窮則變，此理之常也」（《居士集》卷十七《本論下》）。理在萬事萬物之中，在社會人事之中，所以他又稱之為「天人之理」，說：「夫天非不好善，其不勝於人力者，其勢之然歟，此所謂天人之理，在於《周易》否泰消長之卦。」（《居士集》卷四十二《送張唐民歸青州序》）以這種天人之理，論歷史興衰時，他又稱之為「人理」。下面我們還要談到這一點。

可以說，沒有歐陽修的易學的探討，也就不可能有他的理學的建樹，從而也會侷限他的史學思想的深化。

當然，我們也要看到，歐陽修作為理學的先驅，他的理學體系還沒有構成，對於天、人、性、命等的闡發缺乏深度。他說：

夫利命仁之為道也，淵深而難明，廣博而難詳。若乃誘生民以至教，周萬物而不遺，草木貴殖而無知，所以遂其生，跂喙行息而不知，所以達其樂。物性莫不欲茂，則薰之以太和。人情莫不欲壽，則濟之以不夭。滯者則導之使達；蒙者開之使明；衣被群生，贍足萬類，此上之利下及於物，聖人達之以和於義也，則利之為道，豈不大哉。函五行之秀氣，兼二儀之肖貌，稟爾至命，得之自天，厥生而靜謂之性，觸物而動感其欲，派而為賢愚，誘而為善惡，賢愚所以異貴賤，善惡所以定吉凶，貧富窮達，死生夭壽，賦分而有定，循環而無端，聖人達之，內照乎神明，小人逆之，外滅於天理，則命之為義，豈不達哉。又若兼百行以全美，居五常而稱首，愛人而及物，力行而能近，守而行之，一日由乎復禮，推而引之，天下稱乎達道，則仁之為理，豈不盛哉。（《居士外集》卷二十五《夫子罕言利命仁論》）

這裡提出了太和、利、命、情、仁、義、氣、五行和五常、天理等範疇，把利命仁等作為「道」的內涵。但是，這些範疇並沒有嚴格的界定，各處範疇之間的關係沒有明確的闡釋，所有這些顯示歐陽修的理學還沒有構成一個體系。

另外，歐陽修由他的易學觀點出發，闡發關於道的見解，體現出他的重人事的思想，但是，另一方面又沒有否定鬼神之道的作用。他說：

然會而通之，天地神人，無以異也。使其不與於人乎，修吾人事而已；使其有與於人乎，與人之情無以異也，亦修吾人事而已；夫專人事，則天地鬼神之道廢；參焉，則人事惑。使人事修，則不廢天地鬼神之道者，《謙》之「象」詳矣；治亂

在人而天不與者，《否》、《泰》之「象」詳矣。推是而之焉，《易》之道盡矣。（《居士外集》卷十《易或問》）

他的易學思想重心在於論述「治亂在人而天不與者」。但是在他看來《易》各卦的象辭思想並不一致，如何統一，他沒有回答。他只是說各方面都要兼顧到，才能使「《易》之道盡矣」。這反映他的易學、理學思想折衷的一面和不成熟的一面。這一點，在他的史論中同樣反映出來。

歐陽修與宋代理學家學術精神相通，從另一個側面反映歐陽修學問的特徵。歐陽修理學與他的易學密不可分，構成了他的學術的哲理基礎，這對他的史學思想產生了多方面的影響。

歐陽修論歷史興衰之理

歐陽修已經提出了「天理」論，並且意識到理是一種事物變化發展的必然，貫穿於自然社會運動變化中。他認為支配社會歷史興衰運動的是「人理」，而「人理」是封建綱常。在論及五代歷史時，他說：五代是「干戈賊亂之世，禮樂崩壞，三綱五常之道絕，而先王之制度文章掃地而盡於是矣……是豈可以人理責哉」（《新五代史》卷十七《晉家人傳》）。

五代人理破壞，從而陷入了賊亂之世。唐代高宗由於「溺愛衽席」，因此「貽禍家邦」。歐陽修說：「嗚呼，父子夫婦之間，可謂難哉，可不慎哉」。（《新唐書》卷三《高宗本紀》）綱常倫理道德淪喪，國家也就要衰亡，他說：

> 禮義，治人之大法；廉恥，立人之大節。蓋不廉，則無所不取；不恥，則無所不為。人而如此，則禍亂敗亡亦無所不至。（《新五代史》卷五十四《雜傳》）

認為維持綱常倫理道德，是社會治亂的關節，這樣的觀點並不新鮮。歐陽修的貢獻在於，他以「人理」的概念來概括這種認識，社會的治亂興衰是受「理」的支配。綱常的變化是歷史興衰大勢形成的原因，他說：「道德仁義，所以為治，而法制綱紀亦所以維持之也。自古亂亡之國，必先壞其法制而後亂從之。亂與壞相乘，至蕩然無復綱紀，則必極於大亂而後返，此勢之然也，五代之際是也。」（《新五代史》卷四十六《雜傳》）

歐陽修認為綱常倫理是維繫社會興盛治安的根本，從這個根本觀點出發，提出了歷史變化的「理」與「勢」的思想，反映了他對歷史的認識開始向哲理化方向發展。

在歐陽修看來，《易》的精神在於體現出歷史盛衰之理：「文王遭紂之亂，有憂天下之心，有慮萬世之態，而無所發，以謂卦爻起於奇偶之數，陰陽交錯成文，有君子小人進退動靜剛柔之象，而治亂盛衰得失之理具焉，因假以寓其言，而名之曰《易》」（《居士集》卷十八）。

這種歷史的興衰之理又是重在人事。因此，在他的史著中貫穿這種精神。歐陽修說：「盛衰之理，雖曰天命，豈非人事哉。」五代時期後唐大理寺少卿康澄曾說過，治理國家對於天變不必恐懼，可怕的是人事上的失誤，這就是他的「五不足懼」與「六深可畏」的觀點。歐陽修贊成這種看法。

所謂五不足懼是：三辰失行不足懼，天象變見不足懼，小人訛言不足懼，山川崩竭不足懼，水旱蟲蝗不足懼。六深可畏是：賢士藏匿深可畏，四民遷業深可畏，上下相徇深可畏，廉恥道消深可畏，毀譽失真深可畏，直言不聞深可畏。這就把「盛衰之理」重在人事的觀點具體化了。歐陽修把這種觀點加以普遍化，說：「然（康）澄之言，豈止一時之病，凡為國者，可不戒哉。」（《新五代史》卷六《唐本紀》）

把歐陽修論興衰重人事的思想具體地歸納一下，首先，是他的「德政」論。他說：「自古受命之君，非有德不王」。（《新唐書》卷一《高祖本紀》）就是說，即使如先儒所說，帝王是命於天，但是沒有德，還是不能長治久安。

他以隋唐的歷史為證，說：「考隋唐地理之廣狹、戶口盈耗與州縣廢置，其盛衰治亂興亡可以見矣。蓋自古為天下者，務廣德而不務廣地，德不足矣，地雖廣莫能守也。嗚呼，盛極必衰，雖曰勢使之然，而殆忽驕滿，常因盛大，可不戒哉！」（《新唐書》卷三十七《地理志一》）

其次，論說德政的內容是重民愛民。《新唐書》的《五行志》否定天意能支配社會，說：「蓋王者之有天下也，順天地以治人，而取不過度，則天地順成，萬物茂盛，而民以安樂，謂之至治。」與此相反，則是「民被其害而愁苦」，是謂亂政。歐陽修總結歷史的經驗教訓，說：「古之善治其國而愛養斯民者，必立經常簡易之法，使上愛物以養其下，下勉力以事其上，上足而下不困。」（《新唐書》卷五十一《食貨志》）善治國者必須愛民，這就是關鍵。

復次，歐陽修進而通過對易理的闡發，提出「損君益民」、「順民」的思想。在《易童子問》卷二中，他說《損》卦的「彖」辭的思想，是：「損民而益君，損矣；損君而益民，益矣。」「使民忘其勞與死者，非順天應人則不可。」解說《節》卦的「彖」辭，說：「節以制度，不傷財，不害民者是也。」把減輕百姓的負擔作為重民、愛民的內容。

歐陽修寫《新五代史》揭露五代統治者對人民的盤剝，稱讚愛惜民力的循吏，說：「嗚呼，五代之民，其何以堪之哉。上輸兵賦之急，下困剝斂之苛……蓋自天子皆以賄賂為事實，則為民者其何以堪之哉！」（《新五代史》卷四十六《雜傳》）因此，歷史上的廉吏就值得稱道。

歐陽修重人事的思想也反映在他對災祥說、天人感應說的批判上：「聖人急於人事者也，天人之際罕言焉」（《易童子問》卷一）。又說：《易》之為說，「止於人事而已，天不與也」。（《居士外集》卷十《易或問》）這種易學思想貫徹在修史中便是「書人不書天」的主張。

他在《新五代史》中明確說明《本紀》在紀傳體史書各個部分中，處在「經」的位置上，修史的原則也應該是「書人不書天」。他說：

昔孔子作《春秋》而天人備，予述《本紀》，書人而不書天，予何敢異於聖人哉。其文雖異，其意一也……然則王者君天下，子生民，布德行政，以順人心，是之謂奉天。至於三辰五星常動而不息，不能無盈縮差忒之變，而占之有中有不中，不可以為常者，有司之事也。《本紀》所述人君行事詳矣，其興亡治亂可以見。至於三辰五星逆順變見，有司之所占者，故以其官志之，以備司天之所考。

嗚呼，聖人既沒而異端起。自秦漢以來，學者惑於災異矣，天文五行之說，不勝其繁也。予之所述，不得不異乎《春秋》也，考者可以知焉。（《新五代史》卷五十九《司天考第二》）

歐陽修的歷史觀是重人事，但又沒有完全否定天道，說：「夫專人事，則天地鬼神之道廢；參焉，則人事惑，使人事修，則不廢天地鬼神之道者，《謙》之『彖』詳矣。治亂在人而天不與者，《否》、《泰》之『彖』詳矣。推而之焉，《易》之道盡矣。」（《居士外集》卷十《易或問》）《新五代史》的《司天考》具體地稱之為「兩存」：「蓋聖人不絕天於人，亦不以天參人，絕天於人則天道廢，以天參人則人事惑，故常存而不究也。」（《新五代史》卷五十九《司天考第二》）這些地方連表述文字都是他在論《易》的語言。

無論怎樣說，「書人不書天」的原則是已經突破了舊經學的藩籬。歷代學者「惑於災異」，以天人感應理論，把災變祥瑞天象和社會人事、興亡治亂硬扯在一起，這實在是「不勝其繁」。所以歐陽修寫史，特別是寫和舊史《天文志》等內容相近的《司天考》時，進行更革，這就是他說的「予之所述，不得不異乎《春秋》也」。

歐陽修特別強調《易》的經世思想與憂患意識，他說：「六經皆載聖人之道，而《易》著聖人之用。」（《居士集》卷四十二《送王陶序》）因此，他關注現實，可以說是他的易學見解的反映。

書法義例的觀點與歐陽修的正統論與他的易學、春秋學觀點相通。歐陽修在理解《易》與其它經籍上，是務實的態度。但《圖》、《書》的解說者，「大抵學《易》者，莫不欲尊其書，故務為奇說以神之，至其自相乖戾，則曲為牽合而不能通也。」（《易童子問》卷三）

他反對曲學之士離開經文本身，以自己的臆斷解經、解《易》。他的經學、理學求實的觀點，也成為他理解歷史、寫史的指導思想。

魯隱公南面治其國，臣其吏民者十餘年，死而入廟，立謚稱「公」，則當時魯人孰謂息姑不為君也。孔子修《春秋》，凡與諸侯盟會行師命將，一以「公」書之，於其卒也，書曰：「公薨」。則聖人何嘗異隱（公）於他公也。據（《春秋》）經，隱公立十一年而薨。則左氏何從而知其攝？《公羊》、《穀梁》何從而

見其有讓桓之跡……故某常告學者：慎於述作，誠以是也。（《居士外集》卷十八《答徐無黨第一書》）

歐陽修以事實說明所謂的《春秋》書法，不符合歷史的實際；這些書法，也不合《經》的原意，對人們理解《春秋》只能增加思想上的混亂，是無益有害的，歐陽修形象地說是「患沙渾水，而投土益之」。因此，他主張丟掉《春秋》書法讀《春秋》，才能真正地理解《春秋》的原意，「不若沙土盡去，則水清而明矣」。

同樣，治《春秋》的曲學之士，在《春秋》書年書月上也大做文章，演繹出微言大義來。《春秋》開篇寫道：「元年春王正月」。這本沒有什麼奧義，但是歷來治《春秋》的學者，包括孫復這樣的理學家，都認為這樣的書法，是孔子行大中之法，歐陽修認為這同樣是「曲學之士」編出來的。他說：

嗚呼，人君即位稱元年，常事爾，古不以為重也，孔子未修《春秋》其前固已如此，雖暴君昏主，妄庸之史，其記事先後遠近，莫不以歲月一、二數之，乃理之自然也。其謂「一」亦未嘗有法，蓋古人之語爾。及後世曲學之士始謂孔子書「元年」，為《春秋》大法，遂以改元為重事。（《新五代史》卷十《漢本紀・隱帝》）

關於《春秋》一書記事始於魯隱公元年，終於獲麟，時間上的斷限，沒有什麼大經大法。歐陽修認為《春秋》中有褒貶，但沒有字字寓褒貶。在寫《新五代史》時，歐陽修也遇到困惑，感到行《春秋》之法，是很困難的，說：「《春秋》之法，是非與奪之際，難矣哉。」（《新五代史》卷十三《梁家人傳》）歐陽修反對《春秋》字字寓褒貶說，反對牽強附會地編造《春秋》書法。從歐陽修的實踐過程中、從他的編修的史書看，他治史、是重褒貶也重事實。

《春秋》史學的精神，他認為是「惟不沒其實以著其罪，而信乎後世」。（《新五代史》卷二《梁本紀・太祖下》）因此，《四庫全書總目》作者說歐陽修不重事實，「大致褒貶祖《春秋》，故義例謹嚴，敘事祖《史記》，故文章高簡，而事實不甚經意」。（《新五代史》卷二《梁本紀・太祖下》）錢大昕說：「歐公《本紀》，頗慕《春秋》褒貶之法，而其病即在此。」（《十駕齋養新錄》卷十三《唐書直筆新例》）也是說歐陽修重《春秋》書法，重褒貶，而輕事實。這些看法不符合事實，也不了解歐陽修治史的真實心。歐陽修治《易》、治史都體現求實的思想。

與《春秋》書法相關的另一個問題，是對正統的看法。歐陽修的尊王大一統思想與求實思想結合，形成的他的正統論。他在解《易》的「比」卦時，說：「蓋王者之於天下，不可以獨比也，故建為萬國，君以諸侯，使其民各比其君，而萬國之君共比於王，則視天下，如身之使臂，臂之使指矣」（《易童子問》卷一）。

根據歷史的實際，他提出對「正統」的理解，說：「正者，所以正天下之不正也。統者，所以合天下之不一也。然後正統之論作。」（《居士集》卷十六《正統論上》）

也就是說，只有在事實上建立起大一統的皇朝，才能稱之「正統」。具體地說，中國歷史的正統皇朝有三個類型。一是「居天下之正，卒能合天下於一」。如堯、舜、夏、商、周、秦、漢、唐。二是「雖不得其正，卒能合天下於一」。如晉、隋。第三種類型是「居其正而不能合天下於一」，如「周平王之有吳徐是也」。歐陽修從中國歷史的實際出發，不硬編排正統順序圖，認為中國歷史上的正統是三續三絕。他說：

故正統之序，上自堯舜，歷夏商周秦漢而絕，晉得之而又絕，隋唐得之而又絕。自堯舜以來，三絕而復續，惟有絕而有續，然後是非公、予奪當，而正統明。（《居士集》卷十六《正統論下》）

歐陽修的正統三續三絕的見解，較好地對統一皇朝的歷史和分裂割據時期的歷史作出說明，從而可以避免對歷史作過分曲解。

總之，歐陽修的易學、理學與史學是有機的整體，只有從這個總體上把握歐陽修的學術，才能從根本上理解盧陵史學的特點。

二、《程氏易傳》與程頤的歷史觀

宋代理學家程頤和他的哥哥程顥，即人們通常說的二程，是理學的奠基人，是理學史上的洛學創始人。程頤也是易學史上的義理學派的代表。他的《程氏易傳》（又稱之為《伊川易傳》）是他的理學代表作，也是他的易學代表作。程頤透過對易理的闡發，表達對歷史的見解、對社會變革的認識。程氏的歷史觀與易學見解聯繫在一起，對後世史學產生相當大的影響；後世大思想家、大史學家如朱熹等都繼承發揮程頤的歷史觀點。

程頤的易學是王弼易學的延長和發展，他治易的第一個明顯特點是重義理，以易理建構理學體系。他在解《繫辭》中說：「《易》之義本起於數，謂義起於數則非也。有理而後有象，有象而後有數，《易》因象以明理，由象而知數。得其義，則象數在其中矣。必欲窮象之隱微，盡數之毫忽，乃尋流逐末，術家之所尚，非儒者之所務也。」「理無形也，故因象以明理。理既見乎辭矣，則可由辭以觀象，故曰：得其義，則象數在其中矣」❶。但不同的是，程氏揚棄了道家的崇「無」的思想特徵。

其次，程頤是把易理與氣、數組成一個完整的思想體系，演繹為他的宇宙論、歷史論、道德論等，提出一系列理學的範疇。程頤的易學與對社會問題的思考是緊密聯繫在一起的。這既可以說是與王弼的差異，也可以說是義理學派易學的新進展。

這裡有一個問題要作說明，有一種說法，認為二程輕視史學，這至少是誤解。程顥曾批評謝良佐能「舉文成誦」是「玩物喪志」。關於這件事的記載是這樣的：

明道（程顥）見謝子記聞甚博，曰：「賢卻記得許多，可謂玩物喪志。」謝子被他折難，身汗面赤，先生曰：「只此便是惻隱之心。」

明道「玩物喪志」之說，蓋是箴上蔡記誦博識，而不理會道理之病。（《上蔡先生語錄》卷之中）

程顥批評謝良佐（上蔡）讀史只知記誦，認為這樣學史，是「玩物喪志」。這個問題我們要進一步思考，首先，二程的理學體系是有兩個方面，既認定世界的本原是「理」，又指出理一分殊。他一面說：「天下之理一也。途雖殊而其歸則同，慮雖百而其致則一。雖物有萬殊，事有萬變，統之以一，則無能違也。」（《程氏易傳》卷三）同時，指出理體現在萬事萬物中，理一而分殊。這從根本上表明了史學是窮理的一種手段。

透過對《程氏易傳》的分析，我們可以看出程頤的歷史觀點的主要點。第一，歷史治亂興亡的主要關鍵問題，是維繫封建綱常等級統治。他說：

「天尊，地卑。」尊卑之位定，而乾坤之義明矣。尊卑既別，貴賤之位分矣。陽動陰靜，各有其常，則剛柔判矣。事有理，物有形也。事則有類，形則有群，善惡分而吉凶生矣。（《程氏經說》卷一《易說・繫辭》）

在程頤看來，尊卑貴賤的差別，是宇宙總體的法則，這一法則體現在社會安危治亂上，他說：

夫治亂者，苟能使尊卑上下之義正，在下者巽順，在上者能止齊安定之，事皆止於順，則何蠱之不治也。其道大善而亨也。如此則天下治矣。（《程氏易傳》

〔下作《程傳》〕卷二「蠱・象」）

第二，強調尊卑等級的區分與重民的思想結合在一起，是程頤歷史觀一個特點。他說的「順理而治」一個重要方面是順人心而治。他說：

上說而下順，為上以說道使民，而順於人心；下說上之政令，而順從於上。既上下順說，又陽剛處正中之位，而下有應助，如此故能聚也。（《程傳》卷三「萃・象」）

因此，即使是堯舜之君，也是要順民，「堯舜之聖，天下所莫及也，尚曰請問下民，取人為善也」。（《程傳》卷一《蒙・九二》）他進而從易理說明這層道理，這就是要上下交，他說：「建邦國所以為治也，上施政以治民，民戴君而從命，上下相交，所以治安也。」（《程傳》卷一「象」）把上下、君民兩方面結合起來討論治亂興亡的原因，在這裡體現出重人事的思想。

程頤的重人事歷史觀，具體地說，有以下幾個內容。

其一，強調人君的品質、行為在歷史興衰中有至關重要的作用。程頤說：「九五居人君之位，時之治亂，俗之美惡，繫乎己而已。」（《程傳》卷二「觀・九五」）「時之治亂」繫乎人君，有聖賢之君，則天下安寧；是昏瞶之君，則天下紛爭。從人君作為談歷史盛衰，可以說是兩宋理學家、史學家普遍的看法。如前所說，程氏談人君的作用時，是把君與民兩個方面結合起來。他說：「民不能自保，故戴君以求寧；君不能獨立，故保民以為安。」（《程傳》卷一「比・象」）民和君作為盛衰一個問題的兩個方面提出來，顯示出程頤的眼光。

其二，程頤提出的重賢才之治。他說：「善言治天下，不患法度之不立，而患人材之不成」。（《程氏遺書》卷四）

程頤把賢才與小人聯繫起來，作為人材問題的兩個聯繫的方面來把握，進而提出來「朋」與「類」的問題。他說：

君子之進，必以其類，不唯志在相先，樂與於善，實乃相賴以濟。故君子小人未有獨立不賴朋類之助者也。自古君子得位，則天下賢萃於朝廷，同志協力，以成天下之泰；小人在位，則不肖者並進，然後其黨勝而天下否矣。（《程傳》卷一「泰・初九」）

程頤指出賢佐輔助君王治理天下，為安危之關鍵，如湯、武得伊、呂；周公輔成王；管仲相桓公；蜀漢得孔明；唐肅宗得郭子儀；唐德宗得李晟。（參見《程傳》卷三，「蹇・九五」，「睽・九六」及卷四「豐・九二」等）但還要得「同志協力」，以阻止「小人」的「黨勝」。聯繫當時的洛、蜀的黨爭，可以看出程頤的歷史觀與他的政治觀點的聯繫。

其三，要使賢才發揮作用，必須「去間」。歷史的盛衰經驗表明，衰亂朝代並非缺乏賢良將相，除歷史的時勢原因外，主要是由於「小人」擅政，君主與賢良人才之間有了「間」隔，賢良將相不能發揮作用，挽狂瀾於既倒。由此可以說明「去間」的重要，他說：

凡天下至於一國一家，至萬事萬物，所以不和合者，皆由有間也，無間則合矣……若君臣父子親戚朋友之間，有離貳怨隙者，蓋讒邪間於其間也。除去之則和合矣。故間隔者，天下之大害也。（《程傳》卷二「噬嗑」）

要去間，首先要君王要「誠」，「自古人君至誠降屈，以中正之道，求天下之賢，未有不遇者也」（《程傳》卷三「姤・九五」）。當然，歸根結底，歷史的興亡還是君王決定的。程頤的易學思想在歷史興亡論表現出來的特點，一是言義理，完全把象數排除出去。二是言理的終極目的是肯定君王的作用，宣傳維護封建綱常對於歷史盛衰的意義。三是易學的豐富的聯繫思想，得到充分運用。

君、臣；君子、小人等都是相互聯繫的，在歷史的興亡中在辯證聯繫中起作用，這裡已不是孤立思考歷史盛衰問題。他強調「遇」，也就是強調事物相互作用的重要性，這些都是《周易》的思維途徑。

程頤的史論，無論是內容，還是思維方式，都是源自《周易》。因此，程頤的《易傳》講義理，把義理提高到一個新水平上。這種重人事，有著豐富的聯繫、辯證的因素的歷史觀，是王弼所沒有的。

宋代社會危機嚴重，到了非革不可的地步。他的社會變革觀是他的歷史觀的一個重要組成部分，總的說來，是理氣觀的變革論。他說：「惟時變易，乃常道也」。（《程傳》卷三「恆」）說得更明確一點是「隨時變易以從道」（《易傳序》）。

在變革問題上，他提出幾點很可以反映出其特點。其一，「戒盛說」。他解釋戒盛的意義，說：

> 大率聖人為戒，必於方盛之時。方盛而慮衰，則可以防其滿極，而圖其永久。若既衰而後戒，亦無及矣。自古天下安治，未有久而不亂者，蓋不能戒於盛也。方其盛而不知戒，故狃安富則驕侈生，樂舒肆則綱紀壞，忘禍亂則釁孽萌，是以浸淫不知亂之至也。（《程傳》卷二「臨」）

程頤沒有從封建社會治亂根源上面著手，只有要求君有「戒心」，這又是顛倒事情本末，而且他所謂的「戒」如何能實行？他並沒有具體的辦法，最後歸結到君王的品德上。但是，他的盛衰論中體現出易學的通變思想、見盛觀衰的相互滲透、相互聯結、相互轉化思想；又是把易學中的承弊易變的思想繼承下來。這也是我國自司馬遷以來優秀思想的發展，只是在理學的框架中，這種思想沒有得到正常的發育。

其二，「稽古不泥於常」的觀點。要借鑒歷史，要稽古，但稽古不泥於常，程頤的歷史盛論有通達的一面。「不泥於常」，要損益制度，變革事物。程頤說：「恆者，常久也。……夫所謂恆，謂可恆久之道，非守一隅而不知變也。」「凡天地所生之物，雖山岳之堅厚，未有能不變者也。」「明理之如是，懼人之泥於常也」（《程傳》卷三

「恆」）。不泥於常，也就是「革」，「革者，變其故也」，「弊壞而後革之，革之所以致其通也」。（《程傳》卷四「革」）變革有一個標準，就是要「稽古」，這兩者是統一的。

其三，提出變革要「審慮慎動」的主張。變革要有一定的條件，這就是《周易》中所說的「時」、「位」、「才」三個因素。他在《易傳》中說：

> 包荒，用馮河，不遐遺，朋亡，四者處泰之道也。人情安肆，則政舒緩而法度廢弛，庶事無節。治之之道，必有包含荒穢之量，則其施為寬裕詳密，弊革事理而人安之。若無含弘之度，有忿疾之心，則無深遠之慮，有暴擾之患，深弊未去，而近患已生矣，故在包荒也。
>
> 用馮河。泰寧之世，人情習於久安，安於守常，惰於因循，憚於更變，非有馮河之勇，不能有為於斯時也……
>
> 不遐遺。泰寧之世，人心狃於泰，則苟安逸而已，惡能復深思遠慮，及於遐遠之事哉？治夫泰者，當周及庶事，雖遐遠不可遺……
>
> 朋亡。夫時之既泰，則人習於安，其情肆而失節。將約而正之，非絕去其朋與之私，則不能也。故云朋亡……若夫禁奢侈則害於近戚，限田產則妨於貴家，如此之類，既不能斷以大公而必行，則是牽於朋比也。治泰不能朋亡，則為之難矣。
>
> （《程傳》卷一「泰・九二」）

包荒、用馮河、不遐遺、朋亡，四者是關係到更革的成敗大問題。說得直白一點，一是改革不能過急，這是程頤常說的「漸」、「隨時」的意思。因為人情習於常規，因循守舊，所以要想得周到一些，要有寬容之心，有「包含荒穢之量」。

二是要有果斷，即所謂的「馮河之勇」。他在這段話中還有一句是：「不知以含容之量，施剛果之用，乃聖賢之用。」

三是要深謀遠慮，即「當周及庶事，雖遐遠不可遺也」。

四是要敢於絕去朋比之困。當變革觸及到近戚貴家的利益，即使是「朋」，也要敢於行動，這就是「朋亡」，要變革就不能搞「朋比」。最終是革而理安。

從這些地方，我們可以看出程頤的變革論有值得肯定的地方。考慮到變革會引起的方方面面阻撓，程氏提出的問題，說明他的更革論是富有聯繫的思想。易學的豐富聯繫的思想，對他的歷史觀產生了積極的影響。但也可以看出更革論中的理學的特色，這就是他的「復天理」論。他批評王安石的變法最重要的一點，是：專言利，壞人心術。熙寧新法、介甫之學，「極有害。始則以利而從其說，久而遂安其說，今天下之新法害事處，但只消一日除了便沒事，其學化革了人心，為害最甚，其如之何？」（《程氏遺書》卷二下）他說當時社會是「人欲」超過了限度，因此他闡發「損」卦卦義，說：「王制其本者，天理也。後人流於末者，人欲也。損之義，損人欲以復天理而已。」（《程傳》卷三「損」）王安石言利、興利、不言理，這就把人引到逐利的方面去，而忘記了天理。程氏的更革論最終是「損人欲復天理」。

從易學角度看，程氏的歷史觀既有易學中豐富聯繫、辯證的思想，又有強調「中」、「位」的守成因素，因而反映出他的歷史觀的保守的一面。

三、易學與司馬光的史學思想

司馬光是北宋的大史學家，同樣在理學上、易學上都有成就。其《易說》是他的易學代表作，其易學思想是他的史論的基礎。「如果不了解司馬光的易學便無從了解他的史學，反過來說也一樣，如果不了解他的史學，便無從了解他的易學」❷。這話是有道理的。張敦實說到司馬光的史學與易學關係：「以溫公平生著述論之，其考前古興衰之跡，作為《通鑒》，自《潛虛》視之，則筆學也。留心《太玄》三十年，既集諸說而為注，又作《潛虛》之書，自《通鑒》視之，則心學也。今世於筆力之所及者，家傳人誦。至心思之所及，則見者不傳，傳者不習。」（見《宋元學案》卷八《涑水學案下》引）

司馬光易學著作除《易說》，還有《太玄注》，及《潛虛》。這些著作構成司馬光的易學體系，也是司馬光理學、史學的哲理基礎。

司馬光的易學可以說是揚雄易學的延長，有其獨創，《四庫全書總目》說：

> 光《傳家集》中有《答韓秉國書》，謂王輔嗣以老莊解《易》，非《易》之本旨，不足為據。蓋其意在深闢虛無玄渺之說，故於古今事物之情狀，無不貫徹疏通，推闡深至。如解「同人」之「象」曰：君子樂與人同，小人樂與人異。君子同其遠，小人同其近；《坎》之「大象」曰：水之流也習而不止，以成大川；人之學也，習而不止，以成大賢；《咸》之「九四」曰：心苟傾焉，則物以其類應之。故喜則不見其所可怒，怒則不見其所可喜，愛則不見其所可惡，惡則不見其所可愛。

《四庫全書總目》指出司馬光解《易》，說：「大都不襲先儒舊說，而有德之言要如布菽帛粟之切於日用。」上述所引，可以看出溫公易說的特點，不滿王弼的易學以老莊解易，卻重象數，作《潛虛》，但他解《易》還是側重從義理上闡釋。他解易反映了他的政治、歷史觀點。

從上面幾條的引文，也可以看到溫公易學含有折衷的特點。

在宋代理學史上他占有一定的地位，但地位不高。全祖望在《宋元學案》卷七《涑水學案》中說：

> 小程子謂：「閱人多矣！不雜者，司馬、邵、張三耳。」故朱子有「六先生」之目。然於涑水微嫌其格物之未精，於百源微嫌其持敬之有歉，《伊洛淵源錄》中遂祧之。

理學上成就不足，也是易學的的缺陷的表現，這在史學思想上也有反映。

在易學上，司馬光強調義理象數並重，說：「或曰聖人之作《易》也，為數乎？為義乎？曰：皆為之。二者孰急？曰：義急數亦急。何為乎數急？曰：義出於數也。義何為出於數？曰：禮樂刑德，陰陽也；仁義禮智信，五行也。義不出於數乎？故君子知義而不知數，雖善無所統之，夫水無源，則竭；木無本，則蹶。是以聖人抉其本源以示人，使人識其所來則益，固矣。《易》曰：君子居則觀其象而玩其辭，動則觀其變而玩其占，明二者之不可偏廢也。」（《溫公易說・易總論》）

他重象，說：「範，師也。天垂日星，聖人象之。地出《圖》、《書》，聖人則之。漁叟之微，文、武是資。郯子之陋，孔子之所咨。若之何其無師。」（《潛虛》「範」）同時，司馬光重義理，他認為道是宇宙的根本。說：「或曰《易》道其有亡乎？天地可敝則《易》可亡。孔曰：『乾坤毀則無以見《易》，《易》不可見，則乾坤或幾乎息矣。』是故人雖甚愚而《易》未嘗亡也。推而上之，邃古之前，而《易》已生；抑而下之，億世之後，而《易》無窮。是故《易》之書或可亡也，若其道則未嘗一日而去物之左右也。」（《易總論》）

在這裡，他沒有把《易》與道等同視之，指出《易》之書或可亡，而道未嘗一日而去物之左右。這表明了易在萬事萬物中，《易》之書亡與不亡，是另一回事。司馬光的認識是正確的，但是他說的道，在「義出於數」的前提下，又是顛倒了事情的本末。前後所論，反映了他認識上的混亂，也是理論上的不成熟。

而這種道在社會歷史上便體現為綱常，他說：

《易》者，道也；道者，萬物所由之途也。孰為天，孰為人。故《易》者，陰陽之變也，五行之化也，出於天施於人被於物，莫不有陰陽五行之道焉。故陽者，君也，父也、樂也、德也；陰者，臣也、子也、禮也、刑也。五行者，五常也，五官也。推而廣之，凡宇宙之間皆《易》也。烏在其專於天、專於人，二者之論皆蔽也。且子以聖人為取諸胸臆而為仁義禮樂乎，蓋有所本也。（《易總論》）

綱常又是等級統治，他在《潛虛》「體圖」中給我們描繪了一幅金字塔形的等級圖像：一等象王，二等象公，三等象岳，四等象牧，五等象率，六等象侯，七等象卿，八等象大夫，九等象士，十等象庶人。「一以治萬，少以制眾，其綱紀乎！綱紀立而具成矣。」

維繫綱常便是社會治理的根本所在，這就是《溫公易說》解《屯・象》中所說：「屯者何？草木之始生也。貫地而出，屯然其難也。『象曰：君子以經綸。』經綸者，何？猶云綱紀也。屯者，結之不解者也。結而不解，則亂，亂而不緝，則窮。是以君子設綱布紀，以緝其亂，解其結，然後物得其分，事得其序。治屯之道也。」又在解《屯・初九》爻辭時說：「……利居貞者何？治之不正，愈以亂之。利建侯者何？建侯所以治其綱也，治其綱，百目張，夫又何亂之不緝，何結之不解乎？此之謂經綸之道也。」（《溫公易說》卷一）因而維護禮制便是維護封建統治的一項頭等大事。

他說：「人之所履者何？禮也。人有禮則生，無禮則死。禮者，人所履之常也。其曰辨上下。定民志者何？夫民生有欲，喜進務得而不可厭者也，不以禮節之，則貪淫侈溢而無窮也，是故先王作為禮以治之，使尊卑有等，長幼有倫，內外有別，親疏有序，然後上下各安其分，而無覬覦之心，此先五制世御民之方也。」（《溫公易說》卷二《履・象》）

五常應當和諧地相處，他解《乾・文言》，說：「元者，善者之長也。體仁足以長人，長，猶首也。仁者愛人，人皆歸之，可為之首。亨者，嘉之會也，嘉會足以合禮。君明臣忠父慈子孝兄友弟恭夫義婦順，上下皆美，際會交通，然後成禮。利者，義之和也，利物足以和義，仁者聖人。不裁之義，則事失其宜，人喪其利，故君子以義制仁政，然後和；貞者，事之幹也。貞固足以幹事。」（《溫公易說》卷一）

所以《資治通鑒》開篇便以此為基調，作為論歷史興衰的關節，是毫不奇怪的。司馬光說：

臣聞天子之職莫大於禮，禮莫大於分，分莫大於名。何謂禮？紀綱是也。何謂分？君臣是也。何謂名？公、侯、卿、大夫是也。夫以四海之廣，兆民之眾，受制於一人，雖有絕倫之力，高世之智，莫不奔走而服役者，豈非以禮為之紀綱哉。是故天子統三公，三公率諸侯，諸侯制卿大夫，卿大夫治士庶人。貴以臨賤，賤以承貴，上之使下，猶心腹之運手足，根本之制支葉，下之事上，猶手足之衛心腹，然後能上下相保而國家治安。（《資治通鑑》卷一，周紀一，威烈王二十三年）

因此，維持禮制在安邦定國中具有特別重要的意義。他說：

禮之為物大矣。用之於身，則動靜有法而百行備焉；用之於家，則內外有別而九族睦；用之於鄉，則長幼有倫而俗化美焉；用之於國，則君臣有敘而政治成焉；用之於天下，則諸侯順服而紀綱正焉。豈直幾席之上、戶庭之間得之而不亂哉。（《資治通鑑》卷十一，漢紀三，高帝七年）

司馬光的易學無疑是他的史論的邏輯基點。他論歷史盛衰同樣可以看出易理與史論的一致性。司馬光從君心的素質出發，思考歷史的興衰，以為君王必須具有「仁」、「明」、「武」三種素質，國家才能興盛。「三者兼備則國治強，闕一焉，則衰；闕二焉，則危；三者亡一焉，則亡。自生民以來，未之或改也。治國之要亦有三，一曰官人，二曰信賞，三曰必罰。」（《溫國文正司馬公文集》卷三十六《作中函初上殿札子》，觀卷四十六《進修心治國主要札子》及《稽古錄》卷十六「臣光曰」）仁明武，是司馬光盛衰論的三字經。

這在他的易學中也是這樣著眼的。他在《易說》中解《師》卦卦辭，說：「夫治眾，天下之大事也，非聖人則不能。夫眾之所服者，武也；所從者，智也；所親者，仁也。」在《潛虛》「林」中作了這樣的說明：「林，君也。三人無主，不能共處。一人元良，萬國以康。厥德惟何？仁武及明，備則蕃昌，缺則衰亡。」只是這裡更簡單了：「仁武與明，備則蕃昌，缺則衰亡。」在《履．九五．象》象辭中，談到刑賞的意義，說：「人之所履有得有失，為人君者，決而正之，得則有賞，失則有法。勸賞畏刑，然後人莫敢不懼其履，而天下國家可得而治也。」

仁明武與用人、賞功、罰罪是內與外的關係，司馬光解釋說：「夫治亂安危存亡之本源，皆在人君之心，仁、明、武所出於內者也；用人、賞功、罰罪所出於外者也。」（《溫國文正司馬公文集》卷四十六《進修心治國之要札子》）

所以，司馬光的易學與史學在論及歷史興衰時，都是「君心」決定論。從哲學意義說，這是強調「心」是第一性的東西，司馬光說：「心感於物為善，為惡，為吉，為凶，無不至焉。必也，執一以應萬，守約以御眾，其惟正乎？夫正遇禍猶為福也。求仁得仁，又何悔？……故大人之道，正其心而已矣。治之養之，以至於精義入神，則用無違矣，用之於身，則身安而德崇矣。過此以往，不足思也。久而不息，則可以窮神而知化，大人之德，莫盛於斯矣。」（《溫公易說》卷三《咸．九四．象》）這就是從易理上，說明了「君心」決定歷史興衰。所以，只有從他的易學的哲理內涵，我們才可以更深地理解他的史學思想。

司馬光的折衷思想同樣在他的史論中反映出來。他的君心決定思想，與他的強調人事作用的認識是調和在一起的。他解《乾．九三》爻辭時說：「九三陽之進也。於律為姑洗；於曆為建辰之月，萬物畢生而趨於繁茂之時也。故君子進德修業自強不息也。其言『夕惕若厲，無咎』者何？聖人為之戒也。九三在下體之上，居上體之下，勤則進乎上，怠則退乎下。故夕惕若厲，然後得無咎也。」（《卷一》）解《坤・象》象辭，司馬光說：「是故自強不息，則道無不臻，厚德而載，則物無不濟。夫乾坤者，《易》之門戶，二象者，道德之關樞也。」（《卷一》）這裡不是著重在君心上面作文章，以「自強不息」作為基調，論歷史的興亡。

關於司馬光論歷史興亡中重人事思想的具體內容，我在拙著《宋代史學思想史》中有詳細地說明。

司馬光的思想特點，還表現在論中正的看法上，在解《需・九五》爻辭，說：「中正者，所以等天下之治也。《書》曰：允執其中。又曰：以萬民惟正之供，夫中正者，足以盡天下之治也。含乎中正而能享天之福祿者，寡矣。」《易說》解《繫辭》，說：「易之卦六十有四，其爻三百八十有四，得之則吉、失之則凶者，其惟中正乎……陰陽不相讓、五行不相容，正也；陰陽醇而五行不雜，中也。陽盛則陰微，陰盛則陽微，火進則木退，土興則水衰。陰陽之治，無少無多；五行之守，無偏無頗，尸之者，其太極乎。故太極之德，一而已。」（卷五）特別是司馬光在解《姤・彖》時，以為：「夫世之治亂，人之窮通，事之成敗，不可以力致也，不可以數求也，遇與不遇而已矣。」（卷三）這又完全否認在盛衰得失中人事的作用，強調「遇」與「不遇」，純粹是一種神秘的理論。

司馬光不接受王弼的以無為本的認識，說：「萬物祖於虛，生於氣，氣以成體，體以受性，性以辨名，名以立行，行以俟命。是故虛者，物之府也；氣者，生之戶也；體者，質之具也；性者，神之賦也；名者，事之分也；行者，人之務也；命，時之遇也。」（《潛虛》）這本身是矛盾的，「萬物祖於虛，生於氣」。就是萬物是源於「虛」，又是生於「氣」。那麼，氣與虛是等同的嗎？司馬光沒有回答。卻是由此力圖為他的「遇」與「不遇」的論題，尋找理論根據，他在困惑中無法解釋，反映出思想上的混亂。這大約就是司馬光的「格物之未精」。

四、朱熹的易學與史學

朱熹是宋代大理學家、大易學家，也是大史學家。他構建理學體系，易學是其哲理基礎。在理學上，他的一個重要特點是在史學方面做了大量工作，並且將史學納入到他的理學體系中去，成為理學一個重要的組成部分。

宋人李方子把二程和朱熹作了一個比較，說：

昔者竊聞之二程子，倡明斯道，以續絕學之傳。其於史事，若未數數然也。然伯子（程顥）讀《漢書》未嘗輒遺一字；叔子（程頤）每觀史至半，必掩卷思其成敗，其有不合，又復深思。研精若此，豈有他哉。學之全體大用，因當無所不用其極也。

至於此書（指《資治通鑑綱目》）之成，義正而法嚴，辭核而旨深，陶熔歷代之偏駁，會一理之純粹。振麟經之墜緒，垂懿範於將來。蓋斯文之能事備矣。（《資治通鑑綱目・李方子後序》）

從理學體系上說，史學應該是不可或缺的部分，二程重視讀史，但在史學方面，卻沒有什麼可說的，「其於史，若數數未然也」。理學體系的完成少不了對社會歷史的理性思考。對社會歷史的認識是哲學基礎的半壁江山，是不能缺少的部分，所以，二程只可以說是理學體系的奠基者，而朱熹全面構建出理學體系，並且使包括史學在內的各種學術都「會歸理之純粹」，所以，說朱熹是理學的集大成者。

朱熹易學的成就為他的理學奠定了基礎，並進而完成了史學理學化的工作。他說：「某嘗謂上古之書莫尊於《易》，中古後書莫大於《春秋》，然此兩書皆未易看。」（《語類》卷六十七「讀易之法」）朱熹之所以看重這兩部經籍，正是有其特殊的意義。從史學理學化的前提上說，《易》是歷史哲學基礎，《春秋》學可以從編纂學上保證史學的理學化的需要。

由對易理的闡發，朱熹論說「道」、「理」為萬事萬物的根本。他說：「天地之間，無往而非陰陽，一動一靜，一語一默，皆是陰陽之理」。（《語類》卷六十五「綱領上之上」）這就說，天地間充滿的是理，而且是《易》之陰陽之理。朱熹的天理也就是《易》陰陽之理說。他又謂：「聖人作《易》之初，蓋是仰觀俯察，見得盈乎天地之間，無非一陰一陽之理；有是理，則有是象；有是象，則其數便自在這裡，非特《河圖》、《洛書》為然。」（《語類》卷六十七「綱領下‧三聖易」）這是從易理產生說明陰陽之理貫穿於萬事萬物之中。朱熹作出更為詳盡的說明，說：

《易》道本與天地齊準，所以能彌綸之。凡天地間之物，無非《易》之道，故《易》能彌綸天地之道，而聖人用之也……凡天地有許多道理，《易》上都有，所以與天地齊準，而能彌綸天地之道。（《語類》卷七十四「上繫上」。）

「一陰一陽之謂道。」陰陽是氣，不是道，所以為陰陽者，乃道也……道，須是合理與氣看，量是虛底物事，無那氣質，則此理無安頓處。《易》說「一陰一陽之謂道」，這便兼理與氣而言。陰陽，氣也；「一陰一陽」，則是理矣。……以一日言之，則晝陽而夜陰；以一月言之，則望前為陽，望後為陰；以一歲言之，則春夏為陽，秋冬為陰。從古至今，恁地滾將去，只是個陰陽，是孰使之然哉？乃道也。從此句下，又分兩腳。此氣之動為人物，渾是一個道理。故人未生以前，此理本善。（《語類》卷七十四「上繫上」）

孔子解《易》是重人事，朱熹發揮孔子的思想，以《易》之理氣解說人事歷史的治亂興衰的道理，他說：

孔子之辭說向人事上者，正是要用得。須是以身體之……若論陰陽，則須二氣交感，方成歲功。若論君子小人，則一分陰亦不可；須要去盡那小人，盡用那君子，方能成治。（《語類》卷六十七「讀易之法」）

朱熹由易學認識出發，論說理在宇宙萬事萬物之中，這樣的易學思想對他的史學產生重大的影響。

朱熹要求以理學來熔鑄史學。用「理」的觀點衡量前人的史學著作，朱熹都不滿意。他對《左傳》、《史記》、《漢書》等，直至蘇轍的《古史》、范祖禹的《唐鑒》都有批評。重要的一個方面是「於道理上便差」。他批判呂祖謙的一段話可以作為代表，對於呂祖謙宗太史公之學，他說：「某嘗痛與之辯」，認為「（司馬）遷之學，也說仁義，也說詐力，也用權謀，也用功利，然其本義卻只在於權謀功利。」「今求義理，不於《六經》，而反取疏略淺陋之子長，亦惑之甚矣」（《語類》卷一百二十二「呂伯恭」）。

同樣，對《資治通鑒》，朱熹也不滿意，在《答劉子澄》書中說：

近看溫公論《史》、《漢》名節處，覺得有未盡處。但知黨錮諸賢趨死不避，為光武、明、章之烈，而不知建安以後中州士大夫只知有曹氏，不知有漢室，卻是黨錮殺戮之禍有以驅之也。且以荀氏一門論之，則荀淑正言於梁氏用事之日，而其子爽已濡跡於董卓專命之朝，及其孫彧則遂為唐衡之婿、曹操之臣，而不知以為非

矣……邪說橫流所以甚於洪水猛獸之害，孟子豈欺予哉！（《朱文公文集》卷三十五）

司馬光寫史，論歷史大節處，朱熹不滿意；對重要歷史人物的評論，朱熹也不同意。在他看來，關鍵是這些史論不合於天理之正。這就是他要將《資治通鑑》進行改造，寫成《資治通鑑綱目》的原因。談到《綱目》寫作的意旨，朱熹說：「歲周於上而天道明矣，統正於下而人道定矣，大綱概舉而監戒昭矣，眾目畢張而幾微著矣，是則凡為致知格物之學者，亦將慨然於斯……」（《資治通鑑綱目序例》）在朱熹的史學思想中，史學作品是明天道、人道之用，是理學家致知格物的途徑。但明天道、人道及天理正是朱熹的易學探求的終極目標。

二程從萬事一理、理一分殊的角度，說歷史的事物存著天理，因此考古今須察理。朱熹沿著這條思維邏輯途徑，具體地發揮二程的思想。認為格物致知而窮理，讀史是其中一個重要的方面。

首先，古今事物中理存焉。他說：「如讀書以講明道理，則是理存於書；如論古今人物以別其是非邪正，則是理存於古今人物；如應接事物而審處其當否，則是理存於應接事物」（《朱子語類》卷十八）。史書反映歷史，其中也就有理在，所以窮理讀史是不可或缺的部分。這就是他說的：「其粲然之跡，必然之效，蓋莫不具於經訓史冊之中，欲窮天下之理，而不即是而求之，則是正牆面而立爾，此窮理所以必在乎讀書也。」（《文集》卷十四《甲寅行宮便殿奏札二》）再深入一層進行討論，便可以看出這一系列的認識都是導源於他的易學觀念。總之，史不可不讀，但先得立經的根基，其中易理的陰陽之道，又是最根本的精神所在。我們只有了解朱熹的易學思想，方才可以了解他要史學「會歸理之純粹」的論旨。

朱熹強調《易》理本身就包含重人事的精義，從而為討論《易》學與史學關係提供了理論根據。朱熹自謂其易學的特點：「某之說《易》所以異於前輩者，正謂其理人人皆用之，不問君臣上下，大事小事，皆可用。前輩止緣不把做占說了，故此《易》竟無用處。聖人作《易》，蓋謂當時之民，遇事都閉塞不知所為，故聖人示以此理，教他恁地做，便會吉，如此做，便會凶。必恁地，則吉而可為；如此，則凶而不可為」（《語類》卷六十七「綱領下・朱子本義啟蒙」）。他進一步強調：「《易》中詳識物情，備極人情，都是實有其事。今學者平日只在燈窗下習讀，不曾應接世變，一旦讀此，皆看不得。某舊時也如此，即管讀得不相入，所以常說《易》難讀」。（《語類》卷七十二「遁」）《易》之難讀處，在如何從中理解《易》中的人事意義。

朱熹以易解史，和其他的易學家以史論說易理自是不同，其重要的特點，以「理」說人事，進而解史，而不是以史附會到《易》的條文上。他說：

凡在天地間，無非感應之理，造化與人事皆是……凡一死一生，一出一入，一往一來，一語一默，皆是感應。中人之性，半善半惡，有善則有惡。古今天下，一盛必有一衰，聖人在上，兢兢業業，必日保治。及到衰廢，自是整頓不起，終不成一向如此，必有興起時節。唐貞觀之治，可謂甚盛，至中間武后出來作壞一番，自恁地塌塌底去。至五代，衰微極矣。國之紀綱，國之人才，舉無一足恃。一旦聖人勃興，轉動一世，天地為之豁開；仁宗時，天下稱太平，眼雖不得見，想見是太平。然當時災異亦數有之，所以馴至後來之變，亦是感應之常如此。（《語類》卷七十二「咸」）

著重以理來論說歷史的大勢，談歷史的興衰，進而從中尋求歷史的經驗教訓，但這不完全是朱熹的發明。這裡要指出朱熹在以理論說歷史興衰是獨到的認識，舉一個例子，如他在論《大過》卦時，說過一段話：

殊不知《大過》則有《大過》時節，《小過》自有《小過》時節。處《大過》之時，則當為《大過》之事；處《小過》之時，則當為《小過》之事。如堯舜之禪受，湯武之放伐，此便是《大過》之事，「喪過乎哀，用過乎儉」，此便是《小過》之事，只是在事雖是過，然適當其時，便是合當如此做，便是合義。（《語類》卷七十一「大過」）

在宋代如鄭厚等一些人說過歷史上人們所稱道的商湯、周武王等，不應當肯定，理由是他們也是弒君的人，用天理的尺度來衡量，這種行徑應當以亂臣賊子論處。這是一個相當難解決的論題。湯與武王都是歷史的正面人物，但又確實不合天理的要求。朱熹以《大過》卦，說明歷史過程中有「時」，評論歷史興衰與評論歷史人物要在「時」的前提下進行討論。「大過」之時，一些大過行為則應當肯定；而小過之「時」，只能做小過之事。湯、武王處在大變革的大過之「時」，因此，他們一些「大過」行動也是合理的。這種以「時」來論歷史變化，是一種通變的歷史觀點。

這裡還要提出的是，朱熹不同意硬性把《易》的某些文句與人事歷史拉在一起。下面有兩段對話：

問：「程《易》，以乾之初九為舜側微時，九二為舜佃漁時，九三為『玄德升聞』時，九四為歷試時，何以見得？」曰：「此是推爻象之意非本指也。讀《易》若通得本指後，便盡說去。盡有道理可言。」（《語類》卷六十八「乾上」）

又：

問：「黃裳元吉」，伊川解作聖人示戒，並舉女媧、武后之事。今考本爻無此象，這又是象外立教之意否？曰：不曉這意。若伊川要立議論教人，可向別處說，不可硬配在《易》上說。（《語類》卷六十九「坤」）

在這些地方朱熹顯示出與程頤的差異點，甚至可以說是朱學論史高於程子處。朱熹說：

……如伊川說得都犯手勢，引舜來做《乾卦》、《乾》又那裡有個舜來。當初聖人作《易》，又何嘗說《乾》是舜。他只是懸空說在這裡，都被人說得來事多，失了他『潔淨精微』之意。《易》只是說個象是如此，何嘗有實事。如《春秋》便句句是實。如言「公即位」，便真個有個公即位。如言『子弒父，臣弒君』，便真個是有此事。《易》何嘗如此，不過只是因畫以明象，因數以推數，因這象數，便推個吉凶以示人而已，都無後來許多勞攘說話。（《語類》卷六十八「乾上」。）

各種經籍都有重人事論興衰的地方，朱熹把經書作了比較，說：「且《詩》則因風俗世變而作，《書》則因帝王政事而作。《易》初未有物，只是懸空說出。當其未有卦畫，則渾然一太極，在人則是喜怒哀樂未發之中，一旦發出，則陰陽吉凶，事事都有在裡面。人須是就至虛靜中見得這個道理周遮通瓏，方好。若先靠定一事說，則滯泥不通了。」（《語類》卷六十七「讀易之法」）又說：「『《易》隱以之顯，《春秋》推見至隱。《易》與《春秋》，古人之道也。』《易》以形而上者，說出在那形而下者上，《春秋》以形而下者，說上那形而上者去。」（《語類》卷六十七「讀易之法」）讀《易》最重要的是領會其中的義理，他說：「《易傳》，須先讀他書，理會得義理了，方有個入路，見其精密處。蓋其所言義理極妙，初學者未曾使著，不識其味，都無啟發。」（《語類》卷六十七「程子易傳」）

所以，《易》講人事，但與其它經籍談人事又有不同的地方，這就是要以通變的眼光認識易理，認識《易》中的人事內涵，不可拘泥，不可執一定之路。由此，朱熹以史解《易》，是有其自己的特點。

但也要指出，朱熹透過解《易》評論歷史，有附會的地方。他在論《伊川易傳》，談到對王安石變法的看法，解「無妄」卦，「曰：溫公忠厚，故稱荊公『無奸邪，只不曉事』……看來荊公亦有邪心夾雜。他卻將《周禮》來賣弄，有利底事便行之。意欲富國強兵，然後行禮義；不知未富強，人才風俗已先壞了。向見何一之有一小論，稱荊公所以辦得盡行許多事，緣李文靖為相日，四方言利害者盡皆報罷，積得許多弊事，所以激得荊公出來一齊要整頓過，荊公此意便是慶曆范文正公諸人要做事底規模。然范文正公行得尊重，其人才亦忠厚。荊公所用之人，一切相反。」（《語類》卷七十一「無妄」）這些地方不過是借題發揮，和易理沒有什麼必然聯繫。

還應當看到，朱熹以易理論史，有不可知論的東西，如他說：「德行是人事，卻由取決於蓍。既知吉凶，便可以酬酢事變。神又豈能自說吉凶與人。因有《易》後方著見，便是《易》來祐助神也。」（《語類》卷七十五「上系下」）這完全是附會牽強之詞。

另外，朱熹以易理言歷史盛衰，反映出他的歷史觀，他說：「夫禍亂既平，正合修明治道，求復三代之規模，卻只便休了！兩漢以來，人主還有理會正心、誠意否？須得人主如窮閻陋巷之士，治心修身，講明義理，以此應天下之務，用天下之才。方見次第。」（《語類》卷七十二「解」）這是他的三代天理流行，漢唐人欲橫流的論點，也是程頤的三代是王道，是以道治天下，後世霸道，只是以法把持天下的論調發揮，朱熹說：

夫人，只是這個人；道，只是這個道。豈有三代、漢、唐之別？但以儒者之學不傳，而堯舜禹湯文武以來轉相授受之心不明於天下，故漢唐之君雖不能無暗合之時，而其全體卻只在利慾上。此其所以堯舜三代自堯舜三代，漢祖唐宗自漢祖唐宗，終不能合而為一也……其合義理者常小，而其不合者常大。（《朱文公文集》卷三十六）

對此，陳亮作出了反駁，其中也有以易理發論的。陳亮說：

《易》曰：「天地之大德曰生，聖人之大寶曰位。」又曰：「垂象著明莫大乎日月，崇高莫大乎富貴。」苟誠其人而欲得其位者，其心猶可察也。使漢唐之義不足以接三代之統緒，而謂三、四百年之基業可以智力而扶持者，皆後世儒者之論也。世儒之論不破，則聖人之道無時而明，天下之亂無時而息矣。悲夫！（《陳亮集》卷之三《問答》）

陳龍川在這裡所說的「後世之儒」明是指程朱的。他解《易》說明了後世人只要得位、得其心者，皆接三代之道的。批駁了程朱的後世君王不可能行三代之道。對立的易學觀點，反映在史學思想便是對立的歷史觀。朱熹的史學深受理學的影響，但史學不是消極的東西，朱熹的歷史思維方式對他的易學又產生重要的影響。朱熹從易學出發談天道、人道、天理，進而論及史學的價值。而在論《易》的具有的一種鮮明歷史意識，又是他的易學的特點。這是朱子史學對他易學的探索產生重要的影響的表現。

朱熹認為《易》的形成是一個歷史過程。他說：

> 但自伏羲而上，便有此六畫，而未有文字可傳。得到文王、周公乃繫之以辭。

（《語類》「三聖易」卷六十七）

又說：

> 孔子之《易》，非文王之《易》；文王之《易》，非伏羲之《易》；伊川《易傳》又自是程氏之《易》也。故學者且依古《易》次第，先讀本爻，則自見本旨。

（《語類》「三聖易」卷六十七）

過去我們對於朱熹易學中的歷史意識研究得不夠，這方面缺少研究會使我們看不到他的易學與史學是怎樣融會為一個整體。從上面論述可以看出朱熹認為《易》是從簡單到複雜、從觀象到畫象再到以象闡發思想的過程，這是符合人類認識發展的實際。其次，各個時代解《易》的作品，是那個時代的產物，要分別看待。只是到了孔子時代，《易》才複雜化，進而形成一個體系：「蓋《易》只是個卜筮書，藏於太史太卜，以占吉凶，亦未有許多說話。及孔子始取而敷繹為《十翼》：彖象繫辭文言雜卦之類，方說出道理來」（《語類》卷六十七「讀易之法」）。

再次，必須以歷史的眼光認識《易》，離開這一原則，就不會真正認識《易》的精蘊所在。他說：「聖人作《易》，專為卜筮，後來儒者諱道是卜筮之書，全不要惹他卜筮之意，所以費力」（《語類》卷六十七「程子易傳」）。

朱熹從易學發展史中看到易學各種流派的意義。在《易》學上，他重義理而不廢象數、圖書，但對義理派與象數、圖書又都有批評。他十分推崇程頤的《程傳》，但不滿意程氏的牽強附會處。特別是程頤在解《易》中為說義理，犯了認識上的錯誤，對此，他沒有放鬆批評。

如：「伊川說《易》亦有不分曉處甚多。如『益之，用凶事』，說作凶荒之凶，直指刺史郡守而言。在當時未見有這守令，恐難以此說。某謂『益之，用凶事』者，言人臣之益君甚難……」（《語類》卷七十二「益」）

對於呂祖謙絕對相信《程傳》的做法，提出了批評，說：「呂伯恭教人只看伊川《易》，也不得致疑。某謂若如此看文字，有甚精神？」（《語類》卷六十七「讀易之法」）

另一方面，他肯定邵雍的易學成就，對邵氏的加一倍法等給予了充分肯定。但對邵雍的形式化的編織圖式，提出不同的看法，說：「聖人說數說得疏，到康節，說得密了……說得太密了……康節盡歸之數，所以二程不肯問他學」。（《語類》卷六十七「邵子易」）

朱熹接受卦氣說用來論史，十二消息卦中《剝》盡為《坤》，《復》則一陽生。這種陰陽變化消長，對他是一種啟發，認為這裡面有盛衰治亂的道理，說：「前日劉履之說，蔡季通以為然。某以為分明是如此。但聖人所以不言者，這便是一個參贊裁成之道。蓋抑陰而進陽，長善而消惡，用君子而退小人，這便是可見此理自是恁地。雖堯舜之世，豈無小人，但有聖人壓在上面，不容他出而有為耳，豈能使之無邪！」（《語類》卷七十一「復」）

【註　釋】

❶《二程集》，第二冊，中華書局一九八一年版，第六百一十五頁，《答張閎中書》。

❷余敦康：《內聖外王的貫通——北宋易學的闡釋》學林出版社，一九九七年版，第五十二頁。

第八章　學術兼採思潮走向中的易學與史學

皮錫瑞在《經學歷史》中說清朝經學變化，是：「國朝經學凡三變，國初，漢學方萌芽，皆以宋學為根柢，不分門戶，各取所長，是為漢、宋兼採之學。乾隆以後，許、鄭之學大明，治宋學者已鮮。說經皆主實證，不空談義理。是為專門漢學。嘉道以後，以由許、鄭之學導源而上，《易》宗虞氏以求孟義……漢十四博士今文說，自魏、晉淪亡千餘年，至今日而復明」❶。皮鹿門為今文學者，對學術思潮變化的把握，大體是不錯的，難免帶上衛家門的味道。

但要指出的是，第一，清代的漢學並沒有回歸到漢學的原點，清代的今文復興，也不是漢代今文主流派的十四博士的今文所能概括得了的。

第二，清初學術的漢宋兼採，這樣看法本沒有大毛病，但要作具體分析，這種漢宋兼採各有具體的特點，就易學來說，把宋易和漢易兼收並蓄，卻無所甄擇，這是「兼採」；或者簡單地以某種觀點，選錄適合要求的材料，而不分漢宋的分別，這是「折衷」，也可以說是「兼採」；在吸收前人治易的成果的基礎上有所揚棄，表現出學有宗旨而不主門戶，不搞黨同伐異，融會貫通成就自己的特有風格的易學，這也是漢宋兼採。還要看到，到了宋代，易學大發展，是義理學的易學大發展，也是象數圖書的易學大發展。在一定意義上說，宋易是在兼採基礎上出現的一個大發展。

有的兼採風格很引人注意，鄭剛中的《周易窺餘》兼取漢學，不主一家。項安世的《周易玩辭》同樣是兼象數而求之。而朱熹的《周易本義》、《易學啟蒙》對漢學的關注，受到後世人的非難，但這恰是朱熹成為理學集大成者的表現。

這種兼採的學風，不但在兼收漢宋之長，而且在義理學中，說義理與以史證易也是並重，李心傳是大史學家，以《建炎以來繫年要錄》、《建炎以來朝野雜記》等作品著稱，「以良史目之」；同時他的《丙子易學編》為後人推崇，「中年以後，窮道奧經術之邃，有非近世士大夫所能及者」。

南宋以後，朱陸合流，門人相互出入。兼採治學成為學術時趨，元明兩代易學是在兼採中各自顯示重點與特點。元明兩代官方的《周易大全》、《周易折衷》，是一種兼採，但這種折衷易學受到批評。一些以《會通》、《變通》為名的易學作品，其學術興趣從書名就可以看出。元人董真卿作《周易會通》，謂「諸家之《易》，途雖殊而歸則同，故兼採象數義理兩家以持其平，即蘇軾、林栗之書，朱子所不取者，亦不掩其長」。（《四庫全書總目》卷四）

明中晚期，一些學者兼採之中，成一家之見，方以智、王夫之、黃宗羲、宗炎等學人，與前代同樣講兼採，但具有時代的特點，這就是一種學術平等的要求。從蔡清虛齋到方以智藥地、錢澄之田間，是重象；而王夫之船山先生則是重理，但他們又都是在總結吸收諸家之精華基礎上，把易學思想推向一個新的階段。黃宗羲指出學術上的「萬殊總為一致」的趨向是一個必然，學術要有宗旨，但不是嚴門戶，他說：「學問之道，以各自用得著者為真。凡倚門傍戶，依樣葫蘆者，非流俗之士，則經生之業也。」（黃宗羲：《明儒學案發凡》）

明代治易還有一點要提出的，明末的社會危機加深，有明一代的社稷江山難保，這成為嚴酷的現實，因此，一些學人在治易中，不僅是一種學理的探討，而且對歷史對社會前途提出自己的看法，因而關心社會，以史證易與以易解史也是當時易學的風格。這是我們所要重視的。王夫之不但把中國易學推向一個新的高度，而且把中國史學思想推向新的高度。

一、王夫之的易學與史論

王夫之生於明萬曆四十七年（一六一九），卒於清康熙三十一年（一六九二），享年七十四。其易學作品有《周易稗疏》、《周易考異》、《周易大象解》以及《周易外傳》和《周易內傳》。王夫之談到自己的治易，說：

大略以乾坤並建為宗，錯綜合一為象；彖爻一致，四聖一揆為釋；占學一理，得失吉凶一道為義。占義不占利，勸戒君子不瀆告小人為用，畏文周孔子之正訓，闢京房陳摶日者黃冠之圖說為防。（《周易內傳・發例》）

王夫之重象圖，但劃清和漢易京房，宋易的陳摶的界限，談理義是為君子用而不為小人用。占學一理，彖爻一致，這些構成船山易的特色。我們還應當看到王夫之說《易》與論史糅合為一。乙丑年（一六八五），王氏六十七歲作《周易內傳》，丁卯年（一六八七），六十九歲，撰《讀通鑒論》。船山易學走向成熟，在以易論史上也體現出來。研究王夫之易學，應該將船山的易學與史學聯繫起來。這裡將《周易內傳》與王夫之史論作一點比較，很可說明問題。

——《周易內傳・謙》說：「人情雖惡盈而廉，而頑民每乘虛以欺不兢，則欲更與謙退而不得，而侵伐之事起矣。漢文帝賜吳王以幾杖，而吳王卒反，蓋類此。」《讀通鑒論》卷二《文帝・二》說「《易》曰：謙亨，君子有終。君子而後有終，非君子而謙，未有能終者也。……故非君子，未有能終其謙者也。有司請建太子，文帝詔曰：『楚王季父也，吳王，兄也，淮南王，弟也。』諸父昆弟之懿親，宜無所施其偽者，而以觀其後，吳濞、楚戊、淮南長，無以全其驅命者。……處於謙以利用其忍，亦險矣哉。」吳王能用謙，但吳王等不是君子，並不能有好的結果。易理與史論最終的結論為一。

——《周易內傳・井》說：「君子之德能溥施者，豈有他哉。有一介不取非義之操，則能周知小民之艱難，而濟其饑渴，無私之心，人所共凜……諸葛孔明曰：『淡泊可以明志』，洌寒之謂也。杜子美稱其伯仲伊呂，有見於此。」《讀通鑒論》卷十《三國・七》說：「諸葛之相先主，淡泊寧靜，尚矣。」同書的卷十《三國・十九》說：「武侯之言曰：『淡泊可以明志』，誠淡泊矣，可以質鬼神，可以信君父，可以對僚友，可以示百姓，無待建鼓以亟鳴矣。」《周易》「井・象」：「木上有水，井，君子以勞民勸相」；「井・九五」：「『井洌寒泉，食。』《象》曰：『寒泉之食，中正也。』」王夫之評論歷史人物的操行品德，實際也為說《易》提供了佐證。成為易理的注釋。

另外，王夫之另一重要史論著作《宋論》與他的《周易內傳》的釋易也相通。可以說，船山的史論與易理緊密聯繫成為一個整體，沒有船山的易學，其史論也就失去了光澤；同樣沒有船山的史論，其易學也失去了基礎。王夫之的關於道不離器、天下惟器的道器觀，是他的史論與易理相通的內在根據。因此，研究王夫之的史學，是研究他的易學不可或缺的組成部分。

王夫之把以史證易與易釋史聯繫成為一個整體，從而把中國史學思想推向一個嶄新的高度。我們不僅要看到王夫之的史論與易學是一整體，而且還要討論王夫之的史論易理相通的特點。

王夫之的易學對他的史論產生深刻的影響，首先表現在《周易》通變思想影響他對歷史興衰的總結。他抓住《周易》中通變的觀點，說明變與通的關聯。在《周易大象解・序》中，他說：

天下無窮之變，陰陽雜用之幾，察乎至小至險至逆，而皆天道之所以察。苟精其義，窮其理，但為一陰一陽所繼而成象者，君子無不可用之以靜存、動察、修己、治人，撥亂反正之道……天無不可學，物無不可用，事無不可為。循是以上達，則聖人耳順從心之德也。

人們從易象中體察到世界萬事萬物在變之中，變中又有常，革中又有因。就是說只要有通變的觀點，就可以「精其義，窮其理」，以達到致用之目的。「讀《易》者，所當惟變所適，以善體其屢遷之道」（《周易內傳・繫辭下第八章》）。因此，知變還在求道。以這樣的通變的觀點，對歷史的盛衰經驗教訓的總結，還要善於總結。他在《讀通鑑論》的敘論中說：

然則治之所資者，一心而已矣。以心馭政，則凡政皆可以宜民，莫匪治之資；而善取資者，變通以成乎可久。設身於古之時勢，為己之所躬逢；研慮於古之謀為，為己之所身任。取古人宗社之安危，代為之憂患，而己之去危以即安者在矣；取古昔民情之利病，代為之斟酌，而今之興利以除害者在矣。得可資，失亦可資也；同可資，異亦可資也。故治之所資，惟在一心，而史特其鑒也。（《讀通鑑論・敘論四》）

明末清初是中國封建社會的晚期，又是歷史大變動的時代，這是一個「天崩地解」的時期，作為一個有強烈時代感的思想家，不能不對二千多年的歷史行程進行思考。王夫之以易學通變的歷史眼光看待這幾千年的歷史變化。他說：「經國之遠圖，存乎通識。通識者，通乎事之所由始，弊之所由生，害之所由去，利之所由成，可以廣恩，可以制宜，可以止奸，可以裕國，而咸無不允，於是乎而有獨斷。有通識而成其獨斷，一旦毅然行之，大駭乎流俗，而庸主具臣規目前之損益者，則固莫測其為，而見為重有損。」（《讀通鑒論》卷二十二「玄宗七」）

中國歷代史學家、思想家都重視歷史的經驗總結，他們高談歷史的經驗教訓，可是歷史還是沒有按照他們的意志變動。不是說他們的動機不好，也不是歷史不值得總結，除了他們在總結目的上的差異外，關鍵在於他們的歷史的眼光，在於他們缺乏一種通變的眼光，「執一以賊道」。

王夫之的易學從根本說明了這層道理：「學《易》者，不一其道……理一也，而修己治人，進退行藏，禮樂刑政，蹈常處變，情各異用，事各異趨，物各異處，學《易》者斟酌所宜，以善用其志，易從簡消天下之險阻」。（《周易內傳・乾》）因此，只有從深層次上，以通變觀點看待歷史經驗，才能真正找到歷史變化的根源：「知進退存亡而不失其正，易簡以消天下之險阻，非聖人之徒，其孰與歸？」（《讀通鑒論》卷一「秦始皇二」）他又說：

是必通變以審天則，窮理以察物宜，曲體乎幽明之故，斟酌乎哀樂之原，使賢者可就，不肖可及，以防淫辟，以辨禽獸而建中和之極，用錫萬民。固必參《五經》之大義微言，以出入會通，而善其損益；雖或有過焉，可俟後之作者，繼起而改之，可勿慮也。若夫專家之學，守其故常，執聞見而迷其精意，亦惡足尚哉？

（《讀通鑒論》卷七「和帝五」）

所以，我們看出王夫之從《周易》那裡找到通變的思維方式，作為總結歷史的指導，這是一種卓越的歷史見解，也是一種歷史的自覺。中國歷史上一些史家如司馬光很重視歷史的經驗和總結，他寫歷史的宗旨，就是要從歷史興亡的教訓中，找到維持封建等級統治的辦法，使社會安定，「躋堯舜之治」。

但司馬光的史論除了一些重人事的論述外，實在沒有新意。溫公的失誤，從思想方法上說，就是沒有通變的思想，王夫之批評司馬光說：「夫古今異時，強弱異勢，戰守異宜，利害異趣，據一時之可否，定千秋之是非，此立言之病，而溫公以之矣」。

（《資治通鑒》卷二十六「文宗四」）

司馬光打著「資治」的旗號，卻達不到「資治」的目的，王夫之《讀通鑒論》的卷末說，這就是「玩物喪志」。同樣他也批評王安石，說：「讀古人之書，以揣當世之務，得其精意，而無法不可用矣。於此而見此之長焉，於彼而見彼之得焉。一事之效，一時之宜，一言之傳，偏據之，而曰：三代之隆、兩漢之盛恃此也。以固守而行之者，王安石；以假竊而行之者，王莽而已」。（《讀通鑒論》卷二十一「高宗八」）王安石打著復《周禮》的旗子，企圖從三代的模式中找到變革的辦法，結果讓歷史嘲弄了。王莽不過是「假竊」古代辦法，實際是行篡奪之事，與歷史借鑒不是一回事。司馬光、王安石都是沒有變通的觀點，一個只能唱老調子，一個只有刻舟求劍，「執以一賊道」，是找不到歷史的出路的。

王夫之在論歷史興亡體現出來的通變思想，無疑是出自《周易》的，這不僅是《周易》一系列關於事物通變認識的表述，還在於《易》的整體的理論方法都是建立在通變思想之上的。我們在前面說過這些。由此，我們看出王夫之在《讀通鑒論》中的歷史興亡論，如果說有什麼特色的話，那就是王夫之的通變的史識。

王夫之的通變史學思想的特點，還可以具體地說。首先，是論歷史的興衰，要注意到借鑒歷史的經驗教訓，要注意古今條件的差異，在《周易外傳》卷五中，王夫之說得比較明白：「洪荒無揖讓之道，唐虞無吊伐之道，漢唐無今日之道，則今日無他日之道者多矣」。他在《讀通鑒論》中解史說：「以古之制，治古之天下，而未可概之今日者，君子不以立事；以今之宜，治今之天下，而非可必之後日者，君子不以垂法。故封建、井田、朝會、征伐、建官、頒祿之制，《尚書》不言，孔子不言」。（《讀通鑒論．敘論四》）

其次，談變革要注意「時」與「勢」。這是從普遍原則上論說關於歷史經驗總結要注意的問題。古今不同道，是「時」差異的體現。王夫之說：「是故因亦一道也，革亦一道也。其通也，時也；萬古不易者，時之貞也。其塞也，時也；古今殊異者，時之順也。考三王王，俟百世，精義以中權，存乎道而已矣。」（《宋論》卷一）又說：

《易》曰：「湯武革命，應乎天而順乎人。」聖人知天而盡人之理，《詩》、《書》所載，有不可得而詳者，千世而下，亦無從而知其深矣。乃自後世觀之，承天之佑，受人之歸，一六宇而定數百年之基者，必有適當其可之幾，蓋亦可以知天、可以知人焉。得天之時則不逆，應人以其時則志定，時者，聖人之所不能違也。（《讀通鑒論》卷二十「唐高祖一」）

當然知「時」不是一件容易的事，他說：「《易》之為教，立本矣，抑必趣時，趣之為義精矣，有進而趣，時未往而先倦，非趣也；有退而趣，時已過而猶勞，非趣也。」（《讀通鑒論》卷六「光武三十四」）。王夫之進而提到「時」與「幾」的問題。知時、勢，也就是知「幾」知「理」。他說：

吉凶之消長在天，動靜之得失在人。天者人之所可待，而人者天之所必應也。物長而窮則必消，人靜而審則可動。故天常有遞消遞長之機，以平天下之險阻，而恆苦人之不相待。智者知天之消以為動靜，而恆苦於躁者之不測其中之所持……知天者，知天之幾也。夫天有貞一之理焉，有相乘之幾焉。知天之理者，善動以化物；知天之幾者，居靜以不傷物，而物亦不能傷之。（《讀通鑒論》卷二「文帝二王」）

從事物變化的必然的「貞一之理」上論說事物的變化，進而理解歷史變動的道理，從而在根本上把歷史的借鑑與歷史的「貞一之理」聯繫在一起。「『幾者，事之微。吉凶之先見者也。』漢之亂，天下之亂，董卓之不可與一日居，有目者皆見，有耳者皆聞。」（《讀通鑑論》卷八「靈帝一八」）不但察「幾」，而且還要早察，他說：「《易》曰：『伏戎於草莽，三歲不興。』不興者，慮其興之辭也，三歲而不興，逮其興而燎原之焰發於俄頃矣。」（《讀通鑑論》卷五「哀帝八」）在人事的吉凶上也要早察，他論李斯的悲慘下場說：「……不待上蔡東門之嘆，肺肝先已自裂。（李）斯豈果無人之心哉？《易》曰：『履霜堅冰至。』辨人於早，不若自辨於早也。」（《讀通鑑論》卷一「二世二」）

「生有生之理，死有死之理，治有治之理，亂有亂之理，存有存之理，亡有亡之理」；「夫國家之治亂存亡，亦如 此而已矣。而君相之權藉大，故治亂存亡之數亦大，實則與士庶之窮通生死、其量適止於是者，一也」。（《讀通鑑論》卷二十四「德宗三〇」）

在這裡，我們要體會的是，他把歷史借鑑認識提到一個理性的高度，提到必然性上面論歷史的經驗。

復次，在人事得失、社會變動及歷史的興衰思考上，王夫之特別重視事物內部論變化的根據。他有幾段話，說：

《易》曰：「其亡，其亡，繫於苞桑。」孰繫之？能懼之心繫之也。夫既有其國，即有其民，山川城郭米粟甲兵皆可給也……懼者，自懼也，非懼人也。智者警於心以自強，愚者奪其魄以自亂也。（《讀通鑑論》卷十九「煬帝三」。下引同書，僅於文中注卷數）

《易》曰：「謙亨，君子有終。」君子而後終，非君子而謙，未有能終者也……君子之謙，誠也。（卷二《文帝二》）

嗚呼，惟其誠也，是以履虎尾而不疢，即不幸而見疑，有死而已矣。弗能內懷忠而外姑為佞也。（卷二《漢高帝一〇》）

嗚呼，師道之難也。於《蒙》之象見之。人心之險，莫險於利祿得失；惟以艮止之德，遏欲以靜正……故曰：「蒙以養正，聖功也。」身之不正，何以養人哉？（卷六《光武帝三七》）

這些都是從人事的「內」在原因上談歷史興衰變化、人事吉凶的變動，進而論說趨吉避凶。他沒有脫離民用談《易》。夫之治《易》的宗旨之一是「切民用」。他說：「若夫《易》之為道，即象以見理，即理之得失以定占之吉凶，即占以示學，切民用，合天性，統四聖於一貫；會以言、以動、以占、以製器於一原，則不揣愚昧，竊所有事者也。」（《周易內傳發例》）

以後的章學誠的道不離器、易道在切民用，可以說是這一思潮的延長、發揮。

王夫之的重人事思想是建立在他的易學思想基礎之上，要看到這種特點，說：「吉凶之消長在天，動靜之得失在人。天者，人之所可待，而人者，天之所必應也。」（卷二「文帝二三」）王夫之論說人事在歷史興衰中的作用，說：「興衰之數，不前則卻。進而不能乘人者，退且為人所乘，圖安退處，相習於偷，則弱之所自積也。」（卷三十《五代下四》）

如果在社會治理上處得不好，小人也會起來，「侯王豈有種哉」，他在總結歷史經驗教訓時看到封建社會農民起義的意義，說：

《易》曰：「天險不可升也。」謂上下之分相絕，而無能陵也……《易》曰：「上天下澤，《履》。君子以辨上下，定民志」。又曰：「小人而乘君子之器，盜思奪之矣。」上下不辨，民志不定，乘君子器者，無大別於小人，侯王豈有種哉？人可傲岸以制守令之榮辱生死，則人可侯王，而抑可天子矣。察吏不嚴於上，而聽民之訟上，搖動人心而猶謂能達庶人之情，非審於天綱人紀者，莫知其弊也。陵夷天險而授之升，立國者尚知所懲乎！（卷七「安帝三」）

王船山看到「小人」的作用，但又力圖維護綱紀，其思想很困惑。

王夫之的易學重象，講義理，重人事，這和他對史學的看法一致。王夫之認為「為貴乎史者，述往事以為來者師也。為史者，記載徒繁，而經世之大略不著，後人欲得其得失之樞機以效法之無由也，則惡用史為?」（《讀通鑒論》卷六「光武一〇」）又說：「史者，垂於來今以作則者也。」（《讀通鑒論》卷二十「太宗二二」）

王夫之的重人事思想，也體現在對前人易學的總結上。他講經世重義理，推崇周敦頤、張載；肯定程、朱易學，但也有批評。抨擊象數之學，但於象數、卜筮也有所取。這是從治易的根本宗旨上，批評漢《易》及宋《易》的象數代表人物。

在論史中，他沒有放過批評的尺度，立足於重人事的觀點評論漢易，說：「善言天者驗於人，未聞善言人者之驗於天也。宜於事之謂理：理於物之謂化，理化，天也；事物，人也；無以知天，於事物知之耳。知事物者，心也；心者，性之靈，天之則也。漢儒言治理之得失，一取驗於七政五行之災祥順逆，合者，偶合也，不合也，挾私意以相附會，而邪妄違天，無所不至矣。」（《讀通鑒論》卷七「和帝九」）

對京房的批評尤多，稱：「京房，術數之小人」。（《讀通鑒論》卷十「三國二三」）又說：「京房考課之法，迂謬而不可舉行；即使偶試而效焉，其不可也固然。何也?法者，非一時、非一人、非一地者也……蓋房之為術，以小智立一成之象數，天地之化且受其割裂，聖人之教，且恣其削補。道無不圓也。而房無不方，大亂之道也」。（《讀通鑒論》卷四「元帝六」）

「道」與「術」有差別，王夫之說：「夫之道與術，其大辨嚴矣。道者，得失之衡也；術者，禍福之測也；理者，道之所守也；數者，術之所蔽也。《大易》即數窮理，而得審」。（《宋論》卷十三）也要指出，王夫之對「術數」持保留的態度，說：「《陰符經》，術人之書也，然其測物理之幾，以明吉凶之故，使知思患預防之道，則君子有取焉」。（《讀通鑑論》卷二十七「僖宗三」）

另外，對卜筮也沒有完全否定，認為小人占卜荒謬，但君子占卜吉凶是有道理的，凡此，都說明王夫之思想上的侷限性。

在講歷史興衰上，以《易》理宣傳綱常的永恆性、貶低婦女以及歧視少數民族等等，既是他的政治、歷史思想，也是源於他的易學見解。他說：「《易》曰：『天下之動，貞勝者也。』貞勝者，勝以貞也。天下有大貞三：諸夏內而夷狄外也。君子進而小人退也。男位乎外而女位乎內也」。（《宋論》卷七）又說：「婦人之道，柔道也，反其德而為剛，雖惡易折。《大畜》六五曰：『豶豕之牙，吉。』牙可豶也，而呂、武以之，周勃、狄仁傑豶之而吉矣」。（《讀通鑑論》卷五「成帝二」）這些在我們研究王夫之易學思想、史學思想時，是要指出的。

二、章學誠的易學與史學思想

清之乾嘉時期的學術不能只看成是考據之學，梁啟超對清人的學術的評價，說：「清代史學開拓於黃梨洲、萬季野，而昌明於章實齋」。（《中國近三百年學術史》十

五《清代學者整理舊學之成績》)

這是正確的。即使專門漢學，也不是兩漢學術的主流形態附會天人感應的董仲舒今文經學、讖緯學以及孟京之易等。在前面我們已經作了交待。同時在嘉道時期，崔述的疑古，是清代學術的又一引人注目的景象。章學誠史學的出現，足以表現當時在沉悶的學術環境中，還保存著學術生機。

章學誠是清代大史學家，在易學上也有獨到的成就，他的易學對他的史學思想產生重要的影響。過去對這一方面我們注意得不夠，沒有重視他在易學上的建樹。章學誠史學理論代表作《文史通義》開卷的《易教》上、中、下三篇，是章學誠史學思想的理論基礎；另外，在全書一些重要的章節中，章學誠以易理闡發對史學的認識，對歷史的見解，這些認識與見解是章學誠史學思想的重要組成部分。因此，要從深層次上認識章學誠史學的特點，應當討論章學誠的易學見解。

章學誠的易學見解主要可以歸結為以下幾點。

第一，肯定三《易》之法，以論說古代典制不相沿襲。《文史通義》的《易教上》開篇提出六經皆史、六經皆先王之政典的觀點，就談到這個問題，他說：

《周官》太卜掌三《易》之法，夏曰《連山》，殷曰《歸藏》，周曰《周易》，各有其象與數，各殊其變與占，不相襲也。然三《易》各有所本，《大傳》所謂包犧、神農與黃帝、堯、舜，是也。由所本而觀之，不特三王不相襲，三皇、

> 五帝亦不相沿矣。

所謂三《易》之法，出於《周禮・春官》篇。杜子春據《世譜》說神農之《易》是《連山》，黃帝之《易》是《歸藏》。鄭玄《易贊》和《易論》則以《連山》、《歸藏》、《周易》為夏、殷、周三個時代的《易》。皇甫謐的《帝王世紀》，又以《連山》為炎帝之《易》。顧炎武在《日知錄》卷一《三易》節中，從《左傳》所引文字，證明在《周易》之外，「別有引據之辭，即所謂三《易》之法也。」歷代學者如桓譚、王應麟等，皆有論說。章學誠同意顧炎武的看法。但在其注中，他說：「《歸藏》本包犧，《連山》本神農，《周易》本黃帝。」章學誠在同節中又說：

> ……八卦為三《易》所同，文王自就八卦而繫之辭，商道之衰，文王與民同其憂患，故反覆於處憂患之道，而要於無咎，非創制也。周武既定天下，遂名《周易》，而立一代之典教，非文王初意所計及也……理勢固有所不可也。

這一段話在史學思想史上相當重要，在易學發展史上也很引人注意。

其一，三《易》不相同，但三《易》又有相同、相通的方面。

其二，《周易》最初源於黃帝，經文王、武王一系列變化，而成為《周易》的。章實齋於此立了一說。

其三，章學誠以此說明，學術、制度的變化不是某個聖人的意願的產物，是「理勢固有所不可也」。

總之，最為關鍵的是章學誠肯定三《易》之法的真實用心。章學誠所論，意在說明：「三《易》各有所本」，「不特三王不相襲，三皇、五帝亦不相沿矣」。也就是說，歷代的學術、典章、制度都在變化之中，時代變化了，學術、典章與制度都隨著變化，這是理勢決定了的。這就為他更革學術、變革史學提出了理論上的依據。

第二，論說「易」之意義在變易。《易教中》開篇說：

孔仲達曰：「夫《易》者，變化之總名，改換之殊稱。」先儒之釋《易》義，未有明通若孔氏者也。得其說而進推之，《易》為王者改制之巨典，事與治曆明時相表裡，其義昭然若揭矣。

所謂「易」有三義，易簡一也，變易二也，不易三也。（參見《周易正義第一·第一論易之三名》）章學誠比較了歷代學者對「易」的釋義，比較許慎、鄭玄、韓康伯、陸德明、孔穎達及朱熹諸家解釋，認為只有孔穎達解「易」的意義最明確，最能體現「易」之精神，而且也最合乎古代《易》的本義。他說：「《大傳》曰：『生生之謂易。』韓康伯謂『陰陽轉易，以成化生』。此即朱子交易變易之義所由出也。三《易》之文雖不傳，今觀《周官》太卜有其法，《左氏》記占有其辭，則《連山》、《歸藏》，皆有交易變易之義。是羲、農以來，《易》之名雖未立，而《易》之意已行乎其中矣。」（《易教中》）章學誠認定「變」與「改」是易義之精髓，體現他的一種易學見解，也反映了他研究易學的旨趣。

第三，提出《易》象包六藝說，論說天道在人事之中，《易》以天道切人事，從而論證了他的道不離器。

在《易教下》篇中，章學誠指出在這裡所說的「象」含義更廣泛，他說：「象之所包廣矣，非徒《易》而已，六藝莫不兼之，蓋道體之將形而未顯者也。」這裡所說的象有兩重含義，一，不只是《易》有象，六藝莫不兼有象，可以說是事物普遍性的體現；二是所謂的象是道在未顯現之前的表現，又是事物必然性的體現。象通於《詩》，通於《書》，通於《周官》，通於《禮》，通於《春秋》。其中「《易》象雖包六藝，與《詩》之比興，尤為表裡」。但是《易》在六藝之中，有特殊的意義，他說：「《易》與天地準，故能彌綸天地之道。」

章學誠重「象」，但這和象數派說的「象」相比有了更新的含義。他重「象」，是因為這是事物普遍之象，是因為道在其中。章學誠指出由象而得道的邏輯途徑。人們見到的，只能是「象」，但也只有通過「象」才可以求道。「萬事萬物，當其自靜而動，形跡未彰而象見矣。故道不可見，人求道而恍若見者，皆其象也。」要求道必須「知類」，「知類」才可以求道。他說：

君子之於六藝，一以貫之，斯可矣。物相雜而為之文，事得比而有其類。知事物名義之雜出而比處也，非文不足以達之，非類不足以通之；六藝之文，可以一言盡也……故學者之要，貴乎知類。（《易教下》）

章學誠由「物之相雜而為文，事得比而有其類」出發，說明「學者之要，貴乎知類」。知類求道，而類又是事物自身的特點決定了的。章學誠在本篇中更提出了「象」有「天地自然之象」與「人心營構之象」，但「是則人心營構之象，亦出於天地自然之象」。章學誠關於易象的見解，在易學史上有著十分重要的意義。從道不離器觀點，論說易象的重要，可以看出章學誠與王夫之的易學有相通的地方。

清四庫館臣評論王夫之，說：「大旨不信陳摶之學，亦不信京房之術，於先天諸圖緯書雜說皆排之甚力；而亦不空談玄妙，附合老莊之旨。故言必徵實，義必切理，於近時說《易》諸家，為最有根據。」（《四庫全書總目》卷六）

而惠棟張漢學旗幟，其於易學上，如皮錫瑞所說惠氏「為東南漢學大宗，然生當漢學初興之時，多採掇而少會通，猶未能成一家之言」。皮鹿門推崇焦循、張惠言的易學，說：「近儒說《易》，惟焦循、張惠言最善。」「實皆學《易》者所宜急治」❷。章學誠的易學、史學是在這樣的學術氛圍中發育起來的。

如果一定要分義理與象數，章學誠當歸之義理門戶；但他重「象」，卻和象數派又不同，無法歸之於象數派之中。把他的易學思想，放在清代易學發展的背景下考察，可以看出章學誠是重《易》象，而不糾纏於象數義理之爭，意在恢復易《象》之本義，成其一家之學。

章學誠的《易》象兼六藝說，其要義在於闡明道不離器，道在天下事物中。也說明

了《易》在六藝中地位，「『象天法地，以前民用，』其道蓋出政教典章之先矣。」❸

再次，章學誠由《易》象兼六藝說，提出「學者之要，貴乎知類」。由象而類，由類而明道，而得道。「非類不足以通之」，學術通識者在知類，章學誠為他的學術通識的思想提出了哲理依據。要真正理解章學誠的學術通識，必須了解章氏的易學。

第四，反對讖緯與擬《易》之作。章學誠說：「蓋聖人首出御物，作新視聽，神道設教，以彌綸乎禮樂刑政之所不及者，一本天理之自然；非如後世托之詭異妖祥、讖緯術數，以愚天下也」。（《易教上》）《易》之神道設教，作為禮樂刑政的一種補充，但並不是聖人的主觀虛構，用章學誠的話，是「一本天理之自然」。至於讖緯術，包括易緯，是「托之詭異妖祥」，是愚弄天下的手段。

章學誠反對後人模擬《易》的作品，說：「後儒擬《易》，則亦妄而不思之甚矣。彼其所謂理與數者，有以出《周易》之外邪？」這些作品沒有新的內容，其中所說的理與數，從根本上說，都超不過《周易》的思想，不過變其象數法式。揚雄的《太玄》及所謂司馬光的《潛虛》一類擬《易》的作品，都不值得稱道。揚雄的《太玄》是「不知而作」，所謂司馬光作《潛虛》，是「賢者之多事」。

章學誠反對讖緯之作，也批評了擬《易》之作，其用意在恢復古代六經的原貌。他說：

> 若夫六經，皆先王得位行道，經緯世宙之跡，而非托於空言。故以夫子之聖，

猶且述而不作。如其不知妄作，不特有擬聖之嫌，抑且蹈於僭竊王章之罪也，可不慎歟。（《易教上》，另參《匡謬》篇）

這就是說，六經是古代先王經世之作，因此，後人包括孔子都是述而不作。模擬《易》的作品，不能達先聖之用意。章學誠打著復古學旗幟，為他倡經世致用之實學作張本。總之，章學誠的易學是他學術十分重要的組成部分，是他的學術的理論基礎。關於道不離器，道在天下事物中的論述，為他提倡經世之學，更革史學的主張提供了哲理的依據。

章學誠以他的《易》學認識，對歷史、史學提出獨到的見解，在中國史學史上，相當重要。

——章學誠透過對《易》理的闡發，論說他對歷史的見解。

一、世界上萬事萬物中有道，道並不因為有了人才存在，道在人類歷史中，道支配、決定萬事萬物。並不只是萬事萬物的表現，即「當然」。

二、人類產生與社會法制治理，道體現在其中，人們能看到是道的表現，而不是道之本身，即「可形其形而名其名者，皆道之故，而非道也」。

三、先王、後王的法制不同以及各個時代法制的趨於完善和變化，是理勢之自然；不是某個聖人超過了前王，「聖人創制一似暑葛寒裘，猶軌轍也」。只是聖王看到這一層，「法其道之漸形而漸著者也」。

章學誠說明人類社會的產生與變化是一種不得不然。他說：

天地生人，斯有道矣，而未形也。三人居室，而道形矣，猶未著也。人有什伍而至百千，一室所不能容，部別班分，而道著矣。仁義忠孝之名，刑政禮樂之制，皆其不得已而起者也。（《原道上》）

所謂「三人」，也就是人的群體，群體的擴大發展，而後不得不產生等級區劃，觀念制度也不得已隨之而出現。章學誠在這裡用「三人同居一室」理論，說明社會出現。他在同篇還作了更為詳細的解釋，說：

人生有道，人不自知。三人居室，則必朝暮啟閉其門戶，饔飧取給於樵汲，既非一身，則必有分任者矣。或各司其事，或番易其班，所謂不得不然之勢也，而均平秩序之義出矣。又恐交委而互爭焉，則必推年之長者持其平，亦不得不然之勢也，而長幼尊卑之別形矣。至於什伍千百，部別班分，亦必各長其什伍，而積至於千百，則人眾而賴於干濟，必推才之傑者理其繁，勢紛而須於率俾，必推德之茂者司其化，是亦不得不然之勢也；而作君作師，畫野分州，井田封建學校之意著矣。故道者，非聖人智力所能為，皆其事勢自然，漸形漸著，不得已而出之，故曰天也。

章學誠從他的《易》學觀點出發，說明「道」對社會禮儀制度發生發展的作用。比起荀子、韓非子、柳宗元、王夫之的見解，章學誠對初民社會的理解，沒有增添更多新的內容，但他是結合《周易》，論述「道」在社會發展中的作用，而且這種作用與社會群體之「爭」是聯結在一起的，從而體現出一種不得不然之勢，指明社會典章制度的產生與變化，並不是某個聖人意願的產物。這是章學誠歷史理論的鮮明特色。

——以《易》的通變思想，說明史學更革的必然與必要。

章學誠指出封建社會的史學發展變化經歷了千餘年，史學失去了早期那種創造性的活力，各種弊端暴露出來了，這突出地表現在紀傳體史書的編纂上。他說：

> 紀傳行之千有餘年，學者相承，殆如夏葛冬裘，渴飲饑食，無更易矣。然無別識心裁，可以傳世行遠之具，而斤斤如守科舉之程式，不敢稍變，如治胥吏之簿書，繁不可刪。以雲方智，則冗復疏舛，難為典據；以雲圓神，則蕪濫浩瀚不可誦識。蓋族史但知求全於紀表志傳之成規，而書為體例所拘，但欲方圓求備，不知紀傳原本《春秋》，《春秋》原合《尚書》之初意也。
>
> 《易》曰：「窮則變，變則通，通則久。」紀傳實為三代以後之良法，而演習既久，先王之大經大法，轉為末世拘守之紀傳所蒙，曷可不思所以變通之道歟？

司馬遷創立紀傳體史書，富有生氣，但是，紀傳體史學變成了一種程式，變成公式化的東西，以所謂紀表志傳各種史例，去硬性剪裁材料。越雷池半步，便被視為違例不純。

章學誠看出中國封建社會後期史學問題的關鍵，作為一代大史學思想家，他不僅提出問題，而且指出解決問題的途徑，這仍然是從《周易》那裡得到啟發。他說：

> 《易》曰：「蓍之德圓而神，卦之德方以智也。」間嘗竊取其義，以概古今之載籍，撰述欲其圓而神，記注欲其方以智也。夫智以藏往，神以知來，記注欲往事之不忘，撰述欲來者之興起，故記注藏往似智，而撰述知來擬神也……史氏繼《春秋》而作，莫如馬、班，馬則近於圓而神，班則近於方以智也。（《書教下》）

韓康伯注：「圓者，運而不窮。方者，止而有分。言蓍以圓象神，卦以方象智也。惟變所適，無數不周，故曰圓。卦列爻分，各有其體，故曰方也。」孔穎達《疏》：「故蓍之變通則無窮，神之象也；卦列爻分有定體，知之象也。知，可以識前言往行；神，可以逆知將來之事。故蓍以圓象神，卦以方象智。注：圓者，至方也。」（《周易正義》卷七）

所謂圓神與方智，雖不同但都是《易》之用，此其一。其二，圓神、方智作為一個整體，是多識前言往行與逆知將來的統一，不可以斷然打成兩截。其三，圓與方，不同又相通。

這種思想運用到著述上來，既要意識到不同體裁適用不同要求的作品，同時又要看到，每一著述中的內容變化，其採用的所謂的體裁、體例，不可能也不應當程式化。硬性以一種模式來剪裁材料，只能削足適履，失去了變通精神，使著述失去其要旨。

在中國史學史上，司馬遷的《史記》近於圓而神，班固的《漢書》近於方以智。這裡沒有崇班抑馬或尊崇司馬遷而貶損班固的意思。班固的撰述，「則於近方近智之中，仍有圓且神者。以為之裁制，是以能成家，而可以傳世行遠也」。這種因事名篇，不為一定之例所拘，就是史學的活力，其作品就可以傳世行遠。但「後史失班史之意，而以紀表志傳，同於科舉之程式，官府之簿書，則於記注、撰述兩無所似，而古人著書宗旨，不可復言矣。史不成家，而事文皆晦，而猶拘守成法，以謂其書祖馬而宗班也，而史學之失傳也久矣」。

無論是記注還是撰述，不能為例所拘，即或是章學誠稱道的有化腐朽為神奇之功的紀事本末體，一旦成了固定的框架，也只能是「纂錄小書」。在章學誠看來，要走出當時史學的困境，只能總結史學上的成敗，恢復古代史學的創作精神。他說：「斟酌古今之史，而定文質之中，則師《尚書》之意，而以遷史義例，通左氏之裁制焉，所以救紀傳之極弊，非好為更張也。」（《文史通義・書教下》）

章學誠對史書編纂還具有通變思想，提出了一些具體的想法。嚴格地說，編年與紀傳兩種體裁，是自文字以來，即已有之。他認為，如果以《尚書》之義來看司馬遷的《史記》，人物傳是《傳》，八書、三十世家，也可以統統稱之為《傳》。「或考典章制作，或敘人事終始，或究一人之行，或合同類之事，或錄一時之言，或著一代之文，因事名篇，以緯本紀。」這樣做法的優點是「則較之左氏翼經，可無局於年月先後之累；較之遷《史》之分列，可無歧出互見之煩。文省而事益加明，例簡而義益加精，豈非文質之適宜，古今之中道歟？」再加上表與圖。他說：「至於人名事類，合於本末之中，難於稽檢，則別編為表，以經緯之；天象地形，輿服儀器非可本末該之，且亦難以文字著者，別繪為圖，以表明之。蓋難通《尚書》、《春秋》之本原，而拯馬《史》班《書》之流弊，其道莫過於此。」（《文史通義・書教下》）

對於章學誠具體的設想，這裡難以一一評述，但我們可以體察的是，他是以通變的思想，融匯圓神、方智精神為一，重新構想新的史書編纂形式。千餘年中國史學的批評一直糾纏在無限多史體史例訴訟之中；中國史家的正統思想、宗經崇聖觀念也在所謂的史體史例的爭論中反映出來，如果聯繫這樣的背景，可以看出，章學誠透過對《易》理的理解，闡發出來的史學通變思想，具有史學革新的意義。

——提倡史學通識，史之求通在「義」。

《文史通義》的《釋通》開篇說：「《易》曰：『惟君子為能通天下之志。』說者謂君子以文明為德，同人之時，能達天下之志也。」章學誠以《易》之《同人》卦的彖辭闡發，提出他對通識的見解。通史之修，有六便二長。六便是：免重複，均類例，便銓配，平是非，去牴牾，詳鄰事。二長是：具翦裁，立家法。但也有三弊，就是：無短長，仍原題，忘標目。

章學誠倡史學通識的用心，意在糾學風之弊，復古學求義之精神。說：「夫古人著書，即彼陳編，就我創制，所以成專門之業。」通史之「通」，不在於形式上的貫通，自司馬遷的通古今之變，成《史記》，到鄭樵別識心裁，成其獨斷之學而寫就的《通志》，都是史學通識的體現。他表彰鄭樵的《通志》，說：「鄭樵生千載而後，慨然有見於古人著述之源，而知作者之旨，不徒以詞採為文、考據為學也。於是遂欲匡正史遷，益以博雅，貶損班固，譏其因襲，而獨取三千年來遺文故冊，運以別識心裁，蓋承通史家風，而自為經緯，成一家言者也。」（《文史通義・申鄭》）

史學通識關係史學興衰，他檢討唐代史學衰敗的緣由，說「唐後史學絕，而著作無專家。後人不知《春秋》之家學，而猥以眾官修之故事，乃與馬、班、陳、范諸書，並列正史焉。於是史文等於科舉之程式，胥吏之文移，而不可稍有變通矣。」（《文史通義・答客問上》）史學的變化發人深思。章氏倡通識與他學術求道的思想是相聯繫的，我們在前面已說過。他在《答客問上》篇中再一次說：

> 嗟呼，道之不明久矣。《六經》皆史也，形而上者謂之道，形而下者謂之器。孔子之作《春秋》也，蓋曰：「我欲托之空言，不如見諸行事之深切著明。」

求義、求道，成一家獨斷之學，章學誠倡史學通識的用心在此，這是章氏著述之大旨，近人劉咸炘在《識語》一文中，說《釋通》篇「乃先生學說之大本」。也是這個意思。

——提倡經世史學。

這在前面已有論述。《文史通義》開篇說到《六經》皆史，《六經》皆先王之政典。章學誠此論意在說明史學根本要義在經世。雖然，前人有過經史同源論，王陽明有「五經皆史」說，但章氏的「六經皆史」說，既不是從文獻角度說的，也不是從心學的觀點發論，他是說明學術在經世。《六經》皆先王之政典，但《易》在《六經》有其特殊意義。

章學誠說：「『夫《易》開物成務，冒天下之道。』『知來藏往，吉凶與民同患。』其道蓋包政教典章之所不及矣。象天法地，『是興神物，以前民用』，其教蓋出政教之先矣。」章學誠說《易》「其教蓋包政教之所不及」，「其教蓋出政教之先」，指明了《易》在六經中的特殊地位。

由此，他說明了《易》為先王經世之書。一是，與懸象設教、治歷授時一樣，是明道。二是，《周易》之於道法美善無可加，能「以前民用」。三是，學術將以經世，學問亦有人定勝天之理，《易》更能體現這一點（參《天喻》篇）。

總之，學術經世，《易》在《六經》有其特殊地位，因此，章學誠由對《易》的理解，更深入地說明了包括史學在內的學術必須經世的道理。

【註　釋】

① 皮錫瑞：《經學歷史・十・經學復盛時代》，中華書局一九五九年版，第三百四十一頁。

② 皮錫瑞：《經學通論》卷一《論近人說易》，中華書局一九五四年版，第三十三～三十四頁。

③《文史通義》卷一《易教上》，中華書局一九八五年葉瑛校注本，第一頁。下引僅注篇名。

第九章　史學近代化過程中的易學

一、二十世紀的《周易》研究：從神的啟示錄還原為世俗人的作品

在近代學術史上，《周易》的價值被重新認識有一個過程。鴉片戰爭以後，救亡圖存是中國首要的任務，中國學人一方面意識到要放開眼界看世界，吸收西方的學術思想，同時從中國傳統的文化寶庫中尋找思想變法圖強的精神武器。他們看到公羊學中進化思想的意義，同時，許多學人也從《易》學中找到通變思想，作為變法的理論依據。王韜、康有為等都是這樣的代表。王韜說：

《易曰》：「窮則變，變則通。」知天下之事未有久而不變者也。上古之天下，一為而為中古；中古之天下，一變而為三代。自祖龍崛起，兼併宇內，廢封建而為郡縣，焚書坑儒，三代之禮樂典章制度，蕩焉泯焉，無一存焉。三代之天下，至此而又一變……至今日，而泰西大小各國，無不通和立約，叩關而求互市，舉海

外數十國，悉聚於一國之中，見所未見，聞所未聞，幾於六合為一國，四海為一家。秦漢以來，至此而又一變。❶

面對世界的劇烈變動，「即使孔子而生乎今日，其斷不泥古昔，而不為變通，有可知也」。應當變革，這就是結論。

在五四新文化運動中，《周易》在疑古思潮的衝擊下，它被剝去了古人加在上面的神秘外衣，從神聖的經學的圈子被解救出來，成為古史研究對象。近代易學走的與古代易學不同的路數。首先，以清醒的意識認識《周易》，把《周易》從神的啟示錄還原為世俗人的作品。揭掉了「古聖人的名號作了的包皮」❷，交待了《周易》從「六經之末，跳到六經之頂」的原委❸。

其次，跳出了象數、義理之爭的圈子。以人世歷史的事實來解釋《周易》。「我們據其文以證古史，而殷代古史事乃得有切實的記錄。」如顧頡剛在《周易卦爻辭中的故事》，把甲骨與《周易》相互參證，又結合《詩・大明》等，考訂「帝乙歸妹」這件事是《詩經》中文王迎親的事，並進而透視商周的關係，這本身就是一個突破。

再次，疑經不再是為了尊經，而是要求打破對經的迷信。具體到《周易》來說，近代學人力求把《周易》作為一部古史材料來認識。

還有一點，是用新的歷史眼光認識《周易》，用新的方法研究《周易》。

當然，我們不是討論近代易學發展史❹，而是要擇要地說明在中國史學近代化過程中，易學所起的作用。

一九一九年的五四運動，標誌中國歷史進入了新的階段。史學近代化的內涵包括這樣幾個方面。

——以歷史理論與史學理論變化為主的觀念更新。

——疑古史思潮帶來對舊史學的觀念批判。

——歷史研究重心的轉移。近代史學的歷史研究重心從帝王將相的「君史」，轉移到「民史」上來，出現新的研究領域。出現了中國文化史、哲學史、文學史、俗文學史、戲曲史、政治制度史、數學史、史學史等。

——地上、地下歷史文獻的新發現，傳統考據學發展為近代考據學。

——考古遺址的發掘。

——學術爭鳴下的學術期刊出版。

而這一切又對近代易學變化產生影響。

二十世紀初年，以梁啟超為代表的學人打起了史界革命的大旗，提倡新史學，但中國史學走上近代化過程，是在五四以後。五四以後，中國近代進入新民主主義革命時期，社會階級階層與舊民主主義革命時期明顯不同，馬克思主義的歷史唯物主義傳入中國，因此，史學近代化與二十世紀初年的新史學相聯結又有新的內容。

五四以後，從歷史觀點上說，從內容上說，從歷史編纂形式上說，從研究方法上說，可以說是中國古典史學已經終結了。但古典史學的終結，並不是說傳統中斷，更不意味著古典史學的傳統將從史學領域內消失。只是說，包括史學在內的傳統文化要來一番更新，傳統史學融化成民族的因子，融進到新時代的史學中去，從而使新史學帶上民族的特點，以適合我們民族的需要。

《周易》作為傳統文化主體之一，它在中國近代史學裡仍然發揮著它的作用，經過揚棄後的《周易》仍然顯示它的活力，它作為民族歷史思維形式對史學產生的影響，是不可低估的。

古史辨作為辨古史、辨古書的出現，但其辨偽的追求是我們要充分重視的。他們要把用神意編出來的歷史、或扭解的歷史，還原成人的歷史，人的真實歷史。應該說，這與唯物史觀追求有著共同的思想基礎。所以，他們很多人向唯物史觀靠攏，認識唯物史觀的意義，就有思想基礎。

我們得出這樣的認識，疑古不能離開新文化建設這樣的總目標。疑古與信古是新文化建設兩個不可分割的部分。疑古不是民族虛無主義，疑古是為了把民族自信心建立在科學的基點上。同樣，信古不應當是民族保守主義，民族保守主義宣揚的是一種盲從，一種愚昧。

這裡我們著重以顧頡剛和郭沫若兩位學者的史學與易學的關聯作一簡要的說明。全面深入地研究這一課題，有待我們的努力。

二、辨古史、辨古書和《周易》

疑古與信古史是新史學兩個相互聯繫的方面，是近代史學兩大景觀。五四時期史學疑古要破除對古代的迷信，要打破古代世界黃金說，這種批判無論在規模上，還是在理論層次上，較之二十世紀初年的新史學有了很大的提高。

如果說，二十世紀初年的新史學的批判，可以作為討伐舊史學的檄文看待的話，那麼，二〇年代的疑古則繼承了中國古典史學疑古惑經的傳統，運用了實證的方法，對舊史學從根本上作了一次重大的打擊。

十九世紀末至二十世紀初對封建舊文化的批判，使疑古思潮得以應運而生，並推動疑古思潮發展；而疑古思潮又把對舊文化的批判推向一個新的高潮，到了一九一五年，新文化運動發展，魯迅等新文化旗手，對舊禮教、舊文化的批判，標誌近代疑古思潮發展到一個新的高度。

五四時期，出現了強大的疑古思潮，不但有顧頡剛的古史辨的疑古，而且當時李大釗也同樣在新的思想指導下，提出要打破古代黃金時代說。❺

近代新文化疑古思潮跳出了經學爭議的圈子，疑經不再是為了更好地尊經，它要反對舊文化、舊經學對人們思想的束縛，是要反對文化專制主義，要求解放思想，要打破三皇五帝的黃金世界說。顧先生推崇崔述，但又不滿意崔述辨古史，其中的第一點是：「他著書的目的是要替古聖人揭出他們的聖道王功，辨偽只是手段。」「所以，他只是儒者的辨古史，不是史家的辨古史。」❻

「五四運動」時期，顧頡剛先生的辨古史出現不是偶然的。關於這一場辨古史運動有必要多說幾句。

1. 近代疑古涉及方面具有廣泛性的特點。

應當看到，辨古史不只是涉及古史，它牽涉到古代的經史子集乃至傳說記載文獻等各個方面的內容：辨歷史、辨地理、辨文學、辨風俗傳說。在經學裡面，辨《易》、辨《周禮》、辨《詩序》、辨《春秋》等，疑古辨偽並沒有停留在文獻的考辨上，顧頡剛先生在疑中求信，進而是對中國古文獻來了一次清理，特別是對古代的文獻作了一次整理。顧先生說：「因為這樣，我便想把前的辨偽的成績算一個總帳。我不願單單注釋《偽書考》了，我發起編輯《辨偽叢刊》」。這件事前後達十五年之久，編輯出十多種重要文獻。

顧先生點校整理的有：宋濂的《諸子辨》，高似孫的《子略》，胡應麟的《四部正訛》，王柏的《詩疑》，姚際恆的《古今偽書考》，劉逢祿的《左氏春秋考證》，朱熹的《書序辨》、《詩辨妄》等；一九三六年點校出版《史記白文》和《尚書通檢》等是與人合作的。值得提到的是輯佚方面的貢獻。顧先生自己輯錄的《詩辨妄》，白壽彝先生的《朱熹辨偽書語》等。所以，辨古史是一次文獻的整理清算。

2. 近代疑古提出了歷史觀、認識論和方法論的問題。

把古代經書當成是古代人們真實生活的寫照。經書不再是聖矣神矣的東西。在辨古史方面，把中國傳說中的古史全盤推翻，確是打破了古代黃金世界說，堯舜禹是不是真有其人，也成了問題。按照顧先生在開始辨古史的話，大禹只是一條蟲，那麼，美化三代的言論自然也就破產了。這種情形是以前不曾有的。

打破了「考信於六藝」的教條，也就是顧氏說的沒有「經書即信史」的成見。顧頡剛先生提出了古史層累地造成的學說，既是歷史觀，也是認識論、方法論。至於他說的由胡適那裡得來的歷史演變法，只不過是具體化了，而且他運用的歷史演變法，與胡適之的方法還是有差別。

王煦華先生在《顧頡剛古史論文集》的《前言》有分析，說：顧氏的疑古思想是繼承鄭樵、姚際恆和崔述的傳統，其古史觀則導源於崔述，但崔述的認識是停留在表面現象上，而顧先生是「創立『層累地造成的中國古史』觀，揭開了『其世愈後則其傳聞愈繁』的內在秘密。因此它既是中西文化結合後長出來的結果，又是我國歷代考辯古史由感性認識上升到理性認識的規律性總結。」

顧氏的辨古史具有的意義還在於他「由疑求信」，在於他的民族觀念、歷史觀念。他考古史的方法論，相對地說，有它的侷限性。而胡適之強調的是方法論方面、以之作為實驗主義方法的樣板，稱古史層累地造成三條原理，「都是治古史的重要工具」。這裡把顧氏的歷史觀也歸結為「工具」，顯然降低了這場辨古史的意義。辨古史運動中疑古思潮打破古代黃金世界說，在主觀上要建設可信的古史，使人們以清醒的意識認識古史，認識古代世界、古代社會；以清醒的意識認識包括儒家經籍在內的古代文獻，因而它具有思想上的解放意義是明顯的，它是當時的新文化運動的重要組成部分。

顧先生最初的辨古史，也有缺點，是在沒有更多的實證的情況下，全盤否定傳說古史的記載的具有真實性的成分，這又是不準確的。辨古史進行到一定階段，就很難堅持下去，由辨古史而改為辨古書。

如果我們把顧頡剛的學術道路概括為疑古史——疑古書——建設新古史三段的話，那麼，《周易》研究是他疑古書時期探索的重點。我們較多地闡述以上的文化背景，用意也在此。

重要的論文是他在一九二九年撰成的《周易卦爻辭中的故事》，這篇文章發表在《燕京學報》的第六期上，他說《周易》這部書，用了漢以後人的眼光來看它，真是最古的而且和「道統」最有深切關係的了；必須弄清楚《周易》經傳的作者、時代，以及從卦爻辭中抽出故事來。

在這裡，顧氏不只是疑，而且也是在求信，「因為占卜時引用的故事，總是在這個時代中很流行的，一說出來大家都知道的」。後來他把這其中的見解收入到《中國上古史研究講義》裡去了。第二年，他又寫了《論易繫辭傳中的觀象製器的故事》等。因此，顧頡剛的疑古史是疑而求信，這一點在他的《易》的研究中看得非常清楚。

在《周易卦爻辭中的故事》中，他收進的故事有：

——王亥喪牛羊於有易的故事。

這是《周易》「大壯・六五」爻辭與「旅・上九」爻辭中說到的故事。在這裡，顧先生借鑒了王國維的二重據的方法和成果，指出由於王國維的研究，「這個久被人們忘卻的故事從向來給人看作荒唐的古書裡鉤稽出來了，真是一個重大的發現。」顧頡剛說，由此可以明白，卦爻辭與《易傳》完全是兩件東西，不要把兩者拉在一起。

——高宗伐鬼方的故事。

這是《既濟》卦的「九三」爻辭和《未濟》卦「九四」爻辭中提到的故事。顧氏同樣借鑒了王國維的二重據的方法和成果來加以說明。

——帝乙歸妹的故事。

這個故事出自《泰》「六五」爻辭和《歸妹》「六五」爻辭的。對於故事情節他也有存疑。

——箕子明夷的故事。

這是《明夷》「六五」爻辭中的故事。

——康侯用錫馬蕃庶的故事。

這件故事出自《晉》卦辭。他引王弼、孔穎達以及朱熹的說法，並進而作出了考訂。這裡我們可以看出，顧頡剛體現出徵實考史的學風，在這則史事考訂中，顧氏既有語言訓釋，也有以經釋經，以傳釋經的路數，還能引其它經籍文獻以辨論，甚而引易緯一類材料作出說明。還應當提出的是他引古史《世本》與《繫辭》作比較，《淮南子》與《繫辭傳》作比較，進而揭露古代材料中的信與偽，說明《周易》之所以從《六經》之末跳到《六經》之頂之緣由。

這是顧頡剛古史研究也是《周易》考訂的一篇重要文字，從中我們可以看出顧氏是把《周易》作為古史的材料、作為古史觀念的說明，這是以史的眼光研究《周易》，又為他的古史研究提供了材料，影響到他的古史建構。無獨有偶，在顧氏探討《周易》時，郭沫若寫出了《中國古代社會研究》，而《周易》研究就是這篇重要文章的第一部分，郭沫若古史研究與對《周易》的認識分不開，而他對易的探討，其意義又不僅限於古史。我們把顧頡剛、郭沫若對易學的研究聯繫起來，對於我們認識中國史學在近代的變化，對於認識中國文化的走向，都是一件有意義的事。

三、郭沫若的易學與古史研究

馬克思主義傳入中國以後，對中國歷史、中國學術文化的發展都產生重大影響。中國進入新的時期，人們以新的眼光，重新審視古代歷史、古代的經籍，挖掘古代文化遺產中珍貴的寶藏。中國易學的研究也發生新的變化。

郭沫若把易學研究作為他的中國古代社會研究的重要組成部分。但他對易學的認識，仍然給我們重要的啟示。他把《周易》與古代社會聯繫起來，作為古代社會的反映、作為時代大變革的產物，同時努力挖掘《周易》辯證法的精髓、剔除其中的糟粕。即使在馬克思主義的辯證唯物主義傳入中國以後，我們研究《周易》，仍然有其重要的價值，這種研究可以揭示我們民族思想的豐富性和思維的特點，通過這種研究，又可以豐富我們對辯證法的認識。所以，郭沫若對《易》的認識，是我們在研究中國易學與史學關係、研究易學在近代學術文化史上的地位，是十分重要的。

㈠、《周易》：中國古代社會存在的反映

存在決定意識，一定的文化是一定社會存在的反映，用這樣的觀點、方法去研究《周易》，在中國是始於郭沫若。郭沫若沒有可能如摩爾根那樣由民族的調查，探索一個民族遠古社會的狀況，他是以新的觀點，透過中國對古代文獻、典籍的闡釋，進而透視出中國上古歷史的進程與特點，這對於易學發展、對於中國古史研究都是具有十分重要意義的事情。

郭沫若把《周易》作為古代社會的存在的全面的反映，由《周易》的內容全面反映

中國古代社會生活內容各個方面；《周易》的價值得到重新的估定。《中國古代社會研究》是中國馬克思主義史學的奠基之作，其中第一篇是《〈周易〉時代的社會生活》，《周易》成了郭老古史研究的第一個大板塊。可見，《周易》研究在郭沫若史學中的重要地位。

這裡我們首先要看郭老是怎樣看待《周易》的，是怎樣從《周易》中揭示古代中國社會各個方面的，進而分析郭沫若研究在史學史、易學發展史上的意義。郭沫若說：「如果把這些表示現實生活的文句分門別類地劃分出它們的主從出來，我們可以得到當時一個社會生活的狀況和一切精神的模型。」❼郭老從《周易》中揭示古代社會生活的第一個重要特點，是從經濟生產到社會結構、再到精神生產，也就是從經濟基礎、上層建築與意識形態三個方面。他是把《周易》作為古代中國社會的全面反映，而不是只是一些古史材料、古史影子來看待。

關於古代社會生活的基礎包括有：漁獵、畜牧、商旅（交通）、耕種、工藝（器用）等。這裡可以舉一些例子作一說明。如《屯》（䷂）的「六三」爻辭「即鹿無虞，惟入於林中」等內容，可以看出古代漁獵生活的狀況。他對爻辭中「黃金」一詞作出解說，認為這是處在銅器時代的反映。《無妄》（䷘）的「六三」爻辭反映出古代社會的畜牧的狀況。《旅》「六二」爻辭「旅即次，懷其資，得童僕」，《震》（䷲）「六二」爻辭「億喪貝」等內容，探索了古代社會商旅的起源和原始貨貝的情形，又從一些爻辭中分析當時交通工具的情形。

其它對古代社會生活的各個層面，都有這樣的特點。

在分析古代社會的結構時，郭沫若不是簡單地從一些爻辭中作出說明。他還進一步分析出「先史民族進化階段」有原始、蒙昧兩個大階段，每一個階段又有上段、中段與下段。進而他透視古代社會的家族關係、政治組織。在論述行政事項時，實際上是涉及中國古代國家起源、早期國家職能的問題；對《周易》的有關條文進行歸納，論說了古代階級的結構，認定當時的結構的四種形式：所謂大人君子是支配階級，小人刑人是被支配階級。

透過《周易》的內容，郭沫若在吸收時人研究的成果，對古代風習作出了論述。顧頡剛先生在《周易卦爻辭中的故事》一文中把甲骨和《周易》互證，又結合了《詩・大明》篇，考定「帝乙歸妹」這件事是《詩經》的「文王迎親」的事（《古史辨》第三冊），郭沫若進而透視出在《易經》中沒有群婚的遺習，但對偶婚的痕跡則儼然存在。除殘存母系制度外，當時家族制度確是有的。

由對《周易》的研究，郭沫若從宗教、藝術、思想三個方面，考察了古代社會意識形態狀況。在分析宗教問題時，他指出「《易經》全部就是一部宗教上的書，它是以魔術為脊骨，而以迷信為其全部的血肉的」。這裡反映了郭老對《易》的經、傳的認識，發展了「《易》本卜筮之書」的思想，對於人們揭掉蓋在《易》上的種種神秘的外衣、認識《周易》的本來的面目，而且有重要的意義。

郭沫若說：「（《周易》）的六十四卦、三百八十四爻，卦有卦辭，爻有爻辭，合《乾》卦的用九，《坤》卦的用六，一共有四百五十項文句。這些文句除強半是極其抽象、極簡單的觀念文字之外，大抵是一些現實社會的生活，這些生活在當時一定是現存著的。」正是以這樣的歷史眼光，郭沫若揭示出《周易》反映的中國古代的各個層面，從而為人們認識中國古代社會提供了新的依據。

由此，我們看出，郭沫若審視《周易》不是停留在《周易》的表面的文字上，從《周易》的卦、爻辭上找到一些歷史故事、傳說，發現古代歷史的影子，他不僅僅是從《周易》內容中說明古代社會的生活現象。他是以《周易》內容思考古代社會生活狀況和「一切精神生產的模型」。從社會形態上，從經濟基礎到上層建築、意識形態認識中國古代歷史。這樣認識《周易》，是易學發展史不曾有過的。

乾隆以前的易學，《四庫全書總目》的作者概括為兩派六宗。一派言象數，由漢初還保存的古太卜遺法的象數，一變為京房、焦延壽，象數入於機祥，再變而為陳摶、邵雍，以象數圖書務窮造化。另一派重在義理，王弼以老莊解易，盡黜象數，變而為胡瑗、程頤以義理說《周易》，李光、楊萬里以史解易，又為一派。清以前的易學既有對漢易、宋易的破壞、也有對漢易、宋易的綜合，但是無論漢易，還是宋易，都是要宣傳天理綱常之正。

到了近代，學者也曾經以一種清醒的意識來認識《周易》與易學史上的有關問題。這些我們在前面已經作出了詳細的說明。郭沫若以全新的觀點解易，在中國古代史的研究是一個重大的貢獻，對中國易學的發展也是作出了貢獻。有的人把近代易學分成注釋派、考證派、論述派和創新派，❽無可懷疑，郭沫若的易學研究，為他的古史探索開辟出一條途徑，當是創新派。

(二)、《周易》：中國古代社會大變革的產物

《周易》起源於卜筮，在長期的歷史發展過程中，凝聚了一代又一代人的對自然、對社會的理解，同時，後人不斷地給其增添神聖、神靈的光環，演化成披著神秘外衣的思想體系。怎樣看待這樣的思想作品，不但是易學研究發展首先要解決的問題，更要化腐朽為神奇，把《周易》作為歷史作品來認識。這裡有一個問題，即《周易》是一部什麼樣的作品，是誰寫作的，是產生在什麼樣的歷史背景下。

郭老早在《中國古代社會研究》一書出版出前，於一九二八年，就提出自己的看法，說：「《易經》是由原始公社制度變為奴隸制時的產物。《易傳》是由奴隸制變成封建制時的產物。第一個變革是在殷周之際達到完成，第二個變革的完成，是在東周以後。」這一看法後來有了變化，郭沫若在一九三五年三月寫《周易之製作時代》一文中，對《周易》的作者及其時代，「算給予了一個通盤的檢定」。論定《易經》的作者

是楚人馯臂子弓，《易傳》的作者情況不一樣，其寫作時間在《易經》以後。對《易傳》的作者問題，郭老作出了具體的分析。一九四四年，他回顧自己的研究，還是肯定了自己過去的見解。一九五四年他為《中國古代社會研究》新版寫的補注中，再次申述自己的看法。一九六六年，郭沫若在給李鏡池的信中說：

看來《易》之製作是由長期積累所成，其中有西周時期的原始資料，但也有春秋時代的資料。原始資料積累得多一些，故顯得很古。孔子讀《易》的傳說是有問題的。《周易》完成應當在春秋末或戰國初年。

這封信發表在一九七九年，可說是他的晚年的看法。郭老前後看法有變化，但各種見解有相通的方面。概括起來說，《周易》的製作經過一個相當長的歷史時期，最初完成在春秋末或戰國初年，這正是中國古代社會的「禮崩樂壞」大變動的時期。儘管郭沫若的看法前後不同，有些看法也還要討論，但他的思路給人以啟迪。正如他在檢點《周易》研究時，說的那句話：「在思想分析上無甚錯誤，只是時代的看法須改正。」這話是郭沫若在一九五四年版《中國古代社會研究》中寫的補注。他的認識對易學、史學研究，都是重要的啟示。

第一，《周易》是歷史大變革時代的產物。這就是說，一部典籍既有一個歷史時代的內容，同時，經籍本身也是歷史的產物。最初他提出從《周易》中發現出古代社會的兩個變革時期，後來他的見解變化了，集中在春秋、戰國的大變革中討論《周易》的問題。把《周易》作為一部反映了時代特徵的作品來研究，按照這條思路分析《周易》，《周易》的產生和大變動的歷史背景確切地聯繫在一起。

> 《革・彖》：天地革而四時成，湯武革命，順乎天而應乎人。
>
> 《豐・彖》：日中則昃，月盈則虛，與時消息，而況於人乎，況於神乎。
>
> 《繫辭下》：是故君子安而不忘危，存而不忘亡，治而不忘亂，是以身安而國家可保。

《易傳》的十翼即《彖上》、《彖下》、《象上》、《象下》、《文言》、《繫辭上》、《繫辭下》、《說卦》、《序卦》、《雜卦》，這幾個部分形成的時間不一樣，但都反映大變革的時代特點。《易傳》多出自荀門，《說卦》、《序卦》、《雜卦》應該是秦以前的作品。《彖》、《繫辭》、《文言》三種為荀子門徒在秦統治時期寫成的。《象》在《彖》之後，由另一派人寫出來的。（參見《〈周易〉之製作時代》）從戰國到秦，這是一個歷史大變動的時期，大變革的歷史孕育出這樣的著作。

因此，《易經》、《易傳》的思想反映了這個時代的特徵是可以理解的。郭沫若說：「從《易》的純粹思想上來說，它之強調著變化而透闢地採取著辯證的思維方式，在中國思想史上的確是一大進步。」而《繫辭》把神、天、道當成一體，體現戰國時期變動中儒、道、墨派鼎立又互相滲透的特點。

第二，闡明《周易》的二重性特徵。郭沫若把二重性稱之為「雙重化」。《周易》

含有辯證法的思想，但作《易傳》的人，一方面要革舊思想的命，又一方面，他們是新的支配階級，又以「神道設教」的「中道的思想，糅進《周易》。」結果是辯證法毀滅了，把原來動的世界弄成為定的世界，並且使世界雙重化——鬼神的世界與人類的世界，使前者優越於後者，以鞏固人世間之支配階級的優越。「因為支配階級仍然存在，世界仍然保存著雙重化的形式，在現實世界裡士族代替了貴族，在超現實世界裡本體便代替了鬼神——由宗教的變而為形而上學的。」

社會大變革為《周易》辯證法思想的營養源，而這種變革在那個時代，是以新支配階級代替舊的支配階級，辯證的宇宙觀、社會觀不可能充分地發展起來，相反地，這種狀況中僵化因素阻滯了活潑、有生命力的思想成長。

郭沫若進而對階級社會的思想理論的進展作了一個說明，他指出：

本來在階級對立著的社會，一切立在支配階級上的理論，在每個進展的階段上多少都是可以適用的。在每個階段推移的時候，新舊雖略有衝突，但到支配權的轉移對象一固定，在舊的裡面所發現的昔日的桎梏，會發著很莊嚴的輝光而成為今日的武器。

這是一個帶有普遍意義的闡釋，說明了歷史大變動中，思想理論變化的邏輯、思想二重性的根據；也從根本上說明了歷史大變動中產生的《周易》，為什麼最終演變成新的支配階級的思想統治武器，說明了《周易》在二千餘年的封建社會裡為什麼會受到歷代統治者的青睞。

關於《周易》的作者以及這部書產生的時代背景，我們把郭沫若和前人的有關的論述作一比較，問題會看得更清楚。傳統的說法是「人更三聖，世歷三古」（《周易正義序》）。即所謂上古伏羲畫卦，中古文王重卦，作卦爻辭，（或說周公作爻辭）；下古孔子作傳，即「十翼」。關於重卦之人，「凡有四說，王輔嗣（弼）等以為伏羲畫卦，鄭玄之徒以為神農重卦，孫盛以為夏禹重卦，史遷等以為文王重卦」。後世學者對這些說法提出質疑，歐陽修作《易童子問》以為《文言》、《繫辭》、《說卦》、《序卦》、《雜卦》不是出自孔子之手。趙汝楳、姚際恆、崔述不信孔子作易傳。然而他們疑古還不能揭示這部書性質，也無法對《周易》的有關問題作出更深入的闡釋。

我們在前面章節中談過這些，這裡重述，無非是表明郭沫若的易學研究，對於思考中國思想史的問題還帶有方法論的意義。這是我們所要強調的地方。

(三)、剝出辯證法的合理內核

中國古代人們由《周易》以及《老子》、兵家著作以及天象觀察，來體會世界、社會變化的哲理，認識到自然與社會都是在變化運動著的。特別是《周易》的豐富的變化、聯繫、對立轉化的思想，在人類的思想史中是十分寶貴的，是世界文化珍貴遺產。但是，這部書外面有一層神秘的外衣，並且內容裡面也夾雜著封建糟粕和形而上學的東西。只有以辯證的方法研究《周易》，經過揚棄，經過細緻分析，才能剝出《周易》的精華。馬克思辯證唯物主義傳入中國，對於我們清理文化遺產，指明了方向和方法。而我們的清理，又豐富了對辯證法的認識，深化對民族思想特點的理解。

郭沫若說：「辯證法並不是甚麼神秘的事物，只要毫無成見不戴著色的眼鏡的自然觀察者，他自然會得到這個方式。」主觀的辯證法是客觀世界辯證法運動的反映，《周易》在「仰則觀象於天，俯則觀法於地，觀鳥獸之文與地之宜，近取諸身，遠取諸物」（《繫辭下》）的活動中，獲得了辯證法的認識。

關於辯證法的特徵，郭沫若作了闡釋：一，自然界中一切都是進展著的，一切的萬事萬物都有發生、成長，死亡，辯證法就是要在動態中觀察事物。二，事物運動有升有降，有平有陂，有成有毀，運動的成因是對立矛盾的變化，辯證法就是要認出事物內在的矛盾。三，萬事萬物是整個相關連的，辯證法就要在這整個性上去觀察事物。

依著這樣的眼光讀《周易》，便能看出其辯證法的思想。世界上萬事萬物都是在運動著的。這種運動是矛盾的運動，運動的原因是事物內部對立的矛盾鬥爭和運動。這可以從《周易》的基本概念陰爻（--）、陽爻（—）談起。歷代學者對陰爻（--）和陽爻（—）的象徵有很多解釋。

郭沫若的解釋是：八卦的根柢，我們很鮮明地可以看出古代生殖器崇拜的孓遺。畫「—」以象男根；分而為二，象女陰，所以，由此而演出男女、父母、陰陽、剛柔、天地的觀念。他以陰、陽爻為女陰男根象徵說，去剖析《周易》中的蘊藏的辯證法。《周易》的根本觀念原來就是陰、陽兩性的對立、萬事萬物以這樣的對立為根源，沒有這樣的對立、這樣的矛盾，就沒有萬事萬物的存在。

郭老注意到《周易》中出現許多成對的概念：吉凶、禍福、大小、遠近、內外、出入、進退、往來、上下、得喪、存亡、生死、泰否、損益等等，是陰陽爻矛盾在具體條件下表現。八卦中的乾、坤、震、巽、坎、離、艮、兌等象徵著天地，風雷，水火，山澤，是四對對立的事物，八卦相重而為六十四卦，由此出發，演繹出大千世界的圖式，表示矛盾組成了世界。事物的運動升降、往來、平陂、分合、成毀是矛盾的運動，矛盾是運動的根據。「辯證法就是要認出事物的內在矛盾」。

《周易》蘊含有辯證法的運動，這一點，前人已經注意到，所謂「易有三義」。即易簡、變易與不易。《周易》中心觀點是變易。在第十章，我們引用章學誠的話，他說：「孔仲達曰：『夫《易》者，變化之總名，改換之殊稱。』先儒之釋易義，未有明通若孔氏者也。」（《文史通義・書教中》）從孔穎達到章學誠都抓住這一中心點來認識《周易》。變易又是成對的矛盾的運動。「小往大來，大往小來」，「無平不陂，無往不復」，「日月得天而能久照，四時能變化而能久成。」郭沫若進一步闡發辯證法，他說：「辯證的宇宙是很平凡的，一切都有生成，一切都毀滅，天下沒有一成不變的東西。這真是再平凡也沒有的觀念。」「辯證法就是要在動態中觀察事物。」郭老從《周易》龐雜的思想體系中，剝出那閃光的辯證法的珍品。

如郭沫若所說：「辯證法要從整體上把握世界，那麼這樣的整體是怎樣的情形呢？《序卦傳》安排六十四卦的次第，從泰否、損益、盛衰的矛盾變動中來把握世界的整體。」他分析序卦的次第是三段「進化」、十個「連環」。「連環」也是進化的意思。根據《序卦傳》的解釋，整個六十四卦的次第構成一個循環上升的開放的體系。

郭沫若指出，這種安排在我們看來不免有些滑稽，但其辯證的進化的運動軌跡很清楚。他說：

> 我們須曉得那是二千年前的思想，他們把世界看成進化，而且進化的痕跡是取的連環形式，這是值得我們注意的。一切都有個盡頭，一切都沒有絕對的盡頭；一切都是相對的，一切都不是絕對的相對；相生相剋，相反相成地，這樣進展起來，這是多麼有趣味的一個宇宙呢？

郭沫若透過《周易》，闡發辯證法的活潑的思辨精神，說明世界是一個盛衰變動的有聯繫的整體，世界整體又是建立在矛盾運動上面的。「天地睽而其事通，男女睽而其志通，萬物睽而其事類也。」（《睽・象》）「天地革而四時成。」（《革・象》）「日中則昃，月盈則食，天地盈虛，與時消息」（《豐・象》）等。郭沫若說這種辯證法觀念是「於事物中看出矛盾，於矛盾中看出變化，於變化看出整個的世界」。

郭沫若把《周易》的辯證法觀念的思維定式歸納為三點。第一，「天下同歸而殊途，一致而百慮。」第二，「陰疑於陽必戰。」第三，「剛柔相推而生變化。」就是說，《周易》蘊含對立統一、矛盾鬥爭、轉化運動觀念。這就大大豐富了我們對自己民族思維特點的認識。

本書在第三章中談到司馬遷父子的學術總結，其思維途徑正是來自《易大傳》的，可以說，郭老發現了這個秘密。

郭沫若由《序卦傳》一段文字，總結出《序卦傳》作者的進化觀觀念，這對我們很有啟發。《序卦傳》說：「有天地然後有萬物。有萬物然後有男女。有男女然後有夫婦。有夫婦然後有父子。有父子然後有君臣。有君臣然後有上下。有上下然後禮義有所錯。」郭沫若指出：「上文敘述人類社會的進化。人類社會的進化就是由這樣相反相成的兩對立物先先後後產生出來的。在母系社會，只有夫婦，沒有父子的關係。在父系社會，國家未成立以前，只有父子，沒有君臣的關係。所以國家是逐漸產生出來的，禮儀也是逐漸產生出來的。」

郭老的看法與有些學者的看法不一致。有的學者以為《周易》的歷史觀是循環歷史觀。這樣的觀點是值得商榷的。至少不能籠統地說《周易》是循環歷史觀點，對《周易》各個部分要作具體的分析。

郭沫若的《周易》研究不但在他的古史研究中具有十分重要的意義，而且他的研究也豐富了中國史學思想史的內容，豐富了對辯證法的理解。剝出辯證法的精華，包括了對《周易》思想精華的肯定，也包含對《周易》中的糟粕的揚棄。郭沫若的《周易》探索正是具有這樣的特點。他充分肯定《周易》中的辯證法的精華，也指出《周易》中的侷限與糟粕。

首先，《周易》的辯證法思想產生在古代中國，和近代的嚴密的辯證法思想體系不一樣，不可以等同視之。「自然的觀察和自然的認識今人比古人詳密到不可思議的地步，辯證法自身也在不斷的進展。我們不能夠說古代的思辯就和現代一樣」，「這點我們要分辨清楚，連這點我們都認不清，那他根本就不了解辯證法，那就是腐儒的態度了。」郭沫若對古代文化的正確態度，一方面反對了民族虛無主義，另一方面克服了封閉狹隘的自大意識。這直到今天仍是我們清理文化遺產應有的正確的態度。

其次，揭示《周易》中的神道設教的說教。郭沫若指出在易學發展過程中，《周易》披上神的光圈和神秘的外衣，編織出「神的騙局」和「階級的騙局」，而且這種思想的影響一直到現代還存在著。「它把封建制度的極完整的支配理論。我們中國的國民性差不多全養成一個折衷的改良機會主義的國民性。」應當指出，郭沫若這段話是在分析《周易》的糟粕時提出的問題，這是其一；其二，這是就階級實質而論，因此和全盤否定民族文化是不同的。

再者，指出《周易》的折衷主義的思想。《周易》的辯證法沒照正確的方向發展。它沒有承認變化是絕對的，把先驗的道、神作為絕對的。「就這樣，辯證法一變而與形而上學妥協，再變而與宗教妥協。」造成這種折衷主義的思想，又是「支配階段」的利益的所在，「所以名目雖折衷，而實際是偏袒一個階級」。

當然我們也要看到郭老的易學研究與他的歷史研究也存在不足，這就是說，他還沒有從中國史學發展過程中、從中國易學發展過程中，來認識《周易》。雖然他注意到《周易》中精華與糟粕的情形，但一般來說，他的分析還是有簡單化、概念化的缺點❾。他的歷史研究上的弊端影響他對易學的深入思考，同樣他對易學的認識缺乏深度，反映他在理論建設上有缺陷，反過來這又影響他在史學上取得更高的成就。

【註釋】

❶《韜園文錄外篇・變法中》。

❷容肇祖：《占卜的源流》，《古史辨》第三冊，上編。

❸顧頡剛：《周易卦爻辭中的故事》。

❹關於二十世紀易學發展歷程，其前五十年的內容可參看高明的《五十年之易學》（見《周易研究論文集》，北京師範大學出版社，一九八七年版，第五一九～五二九頁）；評述前八十年易學研究特點，參拙作《周易研究八十年》（《周易研究》一九八九年第二期）；論述二十世紀易學史的著作，有楊慶中的《二十世紀中國易學史》（人民出版社，二〇〇〇年版），等。

❺參見《史觀》及《「今」與「古」》等，《李大釗史學論集》，河北人民出版社，一九八四年版，七十二頁、

一五七頁。

❻《與錢玄同先生論古史書》，《顧頡剛古史論集》第一冊第一〇一頁，中華書局一九八四年版。

❼《郭沫若全集》第一卷，第三十八頁。人民出版社，一九八二年。下引同書，僅注頁數。

❽《五十年來之易學》，見《周易研究論文集》，北京師範大學出版社，一九八七年版。

❾王伯平等在三十年代有文章對郭沫若提出不同的意見；後來，李鏡池與郭沫若進行論辯。應該看到，郭沫若從思維方式上論說《易》的價值，是很有見解的，同時，他的《周易》研究是他建構古史體系的重要組成部分。我們應當把郭沫若的易學研究與古史研究兩者聯繫起，認識他的易學與史學有怎樣的關係。

附錄：易學與歷史思維的民族特性

——讀吳懷祺教授《易學與史學》

汪高鑫
（北京師範大學史學所、史學理論與史學史研究中心）

吳懷祺教授精心研究中國史學思想史已有數十年之久，階段性的成果主要有《宋代史學思想史》、《中國史學思想史》，以及主編的從二〇〇二年開始推出的十卷本《中國史學思想通史》（已基本出齊）。這些論著對史學思想史研究的意義、物件進行了闡述，對史學思想史與史學科之間的關係作了辨析，對史學思想史學科性質與研究方法作了分析和探討，對史學思想史的一些重大理論問題提出了自己的看法。毫無疑問，這些理論研究對於構建史學思想史學科體系做出了重要貢獻。

吳懷祺教授關於中國史學思想史研究的一個顯著特點，是重視揭示中國歷史思維的民族特性；而其中的一個重要入手點，則是注重探討中國史學與經學、理學、諸子學等之間的關係，換言之，也就是探討經學、理學、子學對於史學家歷史思維的影響。

最近，吳懷祺教授又一部力作《易學與史學》已經作為《易學智慧叢書》之一種，於二〇〇四年三月由中國書店正式出版。這是新時期易學研究的重要成果，更是對中國史學思想史研究的新拓展。該著由對易學與中國史學之關係的深入考察，對歷史思維的民族特性作了更深層次的揭示，細讀之後，啟發良多。

一、中國的史學與易學有著不解之緣

系統闡述易學與中國史學的關係，是《易學與史學》一書撰述的主要旨趣。該書認為，「中國史學還在童年時代就和易學結下了不解之緣。」這種「不解之緣」主要表現在兩個方面：

其一，史家大多通《易》。中國史學發展史上有一個非常重要的現象，那就是從先秦的史官到秦漢以後的歷代大史學家，他們大多都是通曉《周易》的。先秦史官職掌複雜，大體說來，一是記錄軍國大事，解說軍國大事發展趨勢；二是觀察天象，整理曆書。這裡記錄與整理是固定的，而解說則需要依據，「這個依據很重要的來源是《周易》。」因為《周易》本來是就是卜筮之書。由此來看，先秦史官通曉《周易》，首先是出於職能的需要。史官們正是依據《周易》的思維方式來思考和解說歷史變化，從而使他們的歷史思維更加活躍，歷史眼光更加深邃，歷史思想更加豐富。同時，他們關於歷史的易學思維解說，反過來又豐富了《周易》理論的發展，使易學的發展有了歷史事實的支撐。秦漢以後，從司馬遷到章學誠再到郭沫若，這些史學大家們都是精通易學的。司馬遷的家學中有易學傳統，「正《易傳》」是司馬遷的使命之一，易學是司馬遷史學的哲理基礎，易學的通變思想是司馬遷史學思想的核心。「可以說，對司馬遷的易學成就不瞭解，對司馬遷的史學也就不可能有深入的認識」。班固的《漢書》頗受漢易的影響，《漢書‧藝文志》關於各種書籍的序錄，多以《易》理論起源流；而《漢書‧五行志》把董仲舒等人的天人感應說與京房的易學觀點糅合在一起，以此解說歷史的變動；此外，從《高祖本紀》到各篇《傳》，也都能清楚地看到漢易的影響。

西漢末年的荀悅，重視以《易》解史，在史學領域卻取得了很大的成就。《漢紀》宣揚天命王權思想，同時強調重人事的思想，其間都反映出易學的痕跡。

魏晉南北朝時期，袁宏的史學援玄入史，以《易》解史，頗具時代特色；而范曄以《易》論史，著眼點則是強調人事對於得失、存亡的影響，反映了漢易對史學影響的新變化。

唐代史評家劉知幾對《漢書》的易學觀進行了反思，對《五行志》的虛偽與錯謬提出了批評；同時經學家孔穎達《周易正義》對「易」之本意乃「變化之總名，改換之殊稱」的揭示，以及對《易》的憂患意識的關注，對此後史學思想的發展產生了重要影響。

宋代史學家如歐陽修、司馬光、朱熹等人，史學成就卓著，易學成就也非凡，他們的易學觀是他們的史學觀的哲理基礎。歐陽修的《易童子問》著重從義理上解易，進而對史學提出看法；司馬光的《溫公易說》等所體現的易學觀，是其史論的邏輯起點；朱熹的《周易本義》等易學論著重視以易解史，肯定《易》理的精義在於人事，因而與史是相通的。

明末清初思想家兼史學家黃宗羲，在其早年易學著作《易學象數論》中對象數學的流弊作了批判，晚年則提出將義理與象數會歸於一的思想，反映到其學術史撰述思想上，則是肯定學術上的「萬殊總為一致」的趨向是一種歷史的必然；王夫之易學撰述甚豐，在中國易學史上有特別重要的地位，其易學思想對其史論著作《讀通鑑論》、《宋論》有著重要的影響。清代史評家章學誠，其史評名著《文史通義》以《易教》上、中、下開篇，說明其史學理論是以其易學觀為基礎的。

近代史家的易史觀與古代不同，他們強調以史的眼光來認識《周易》，如顧頡剛解《易》，是將其易學討論納入到其對古史的疑辨之中；而郭沫若則重視用社會史的眼光來認識《周易》，肯定《周易》是中國古代社會存在的反映，是中國古代社會變革的產物，並且透過剝出《周易》辯證法的合理內核，從而將其從神的啟示錄還原為「世俗人」的思維術。

其二，三種影響模式。《易學與史學》一書由對易學與史學之關係的探究，從學術史的角度對易學與史學之關係作了理論總結，認為二者的相互影響，總體上可以概括為「三種模式」，即以史證易、以易說史和以易解史。

其中以史證易，按照《四庫全書總目提要》的說法，此派可以宋代李光、楊萬里為代表。該書認為，以史證易，「這是易學範圍內的事，是以歷史事實解說易理，說明易理的正確，因而它是易學史的易理派。」

而以易說史，主要是從文獻學的角度來考察《周易》與史學的關係。這一學派治《易》的特點，是「把《周易》當作社會史的影子，或作為史料」。如果說以史證易的目的只是為了闡明易理，因而不能說明易學與史學的關係的話，那麼，以易說史以《周易》等同於反映周代歷史的史料，則「同樣不能闡明易學與史學的內在關係」。因此，真正能說明易學與史學之相互關聯、相互影響的，是以易解史。

這就是說，易學對於史學的影響，主要不是它本身所具有的史料價值，也不只是將史料作為解易的工具，而是表現在它的思維方式對於史學家認識歷史、研究歷史，以及對於中國史學發展走向的影響。正因此，吳懷祺教授明確指出，「這本書主要是從這樣的角度討論易學與史學的關係。……只有從思維方式的角度認識易學對史學的影響，才能更好地揭示易學變化與史學進展的關聯。」

二、易學對歷史思維方式的具體影響

既然易學對於史學的影響主要表現在思維方式上，那麼，縱觀中國史學發展史，史學家們究竟受到易學那些思維方式的影響呢？該書認為，這種影響主要表現在以下幾個方面：

一是究天人之際的整體思維。《易》的思維特點之一，是重視將天、地、人聯繫起來思考，所謂「觀於天文」、「察於地理」，便是這種重視於考察天人之際的整體思維方式的具體表述。影響到史學，則是啟發了歷代史學家們注重於「究天人之際」，由此成為史學思想發展的一個重要潮流。

二是通變思維。《易》窮則變，變則通，通則久」，這是《周易》關於通變思維的集中表述。《易》的通變思維對於史學的影響，則是啟發了歷代史學家們注重於見盛觀衰和主張社會變革的歷史思維。

三是創新思維。《易》以「變易」為核心思想，易學強調神無方而易無禮，肯定「日新之謂盛德」。它對於史學家的啟發，則是歷史認識不應侷限或固定於一種程式，應該具有創新的思維。

四是「天下同歸而殊途，一致而百慮」的思維。語出《易大傳》。這是對學術發展的一種思維，也是對學術發展規律的一種總結。「易道廣大」，易學本身就是一個具有廣泛包容性的理論體系。易學這一思維方式，對於史學家的歷史思維影響極大。司馬遷父子正是由對諸子學術的總結，而形成了史家「一家之言」。這個「史家」有別於其他諸子百家，卻又是在融會各家學說、兼取眾家之長的基礎上形成的。正如吳懷祺教授所說的，「沒有《易大傳》的思維方式，司馬遷不可能進行學術大總結，也就不可能寫出新思想體系的《史記》。」（《易學與古代歷史思維》，《雲南民族學院學報》哲社版，二〇〇二年一期）

五是憂患意識。《易》為憂患之學，所謂「君子安而不忘危，存而不忘亡，治而不忘亂」、「作《易》者其有憂患乎」（《繫辭》），便是《易》家憂患意識的一種表述。《周易》的憂患意識是史學家關心歷史前途的哲理概括。如身處天崩地解大變動時代的王夫之，就非常重視將易學的這種憂患意識和歷史通變、借鑒思想相結合，從而將古代歷史思維推向了一個新的高度。

當然，易學對於歷史思維的影響並不都是積極的，也有負面的。比如在兩漢時期讖緯神學史觀和天人感應史觀，其中就有《別傳》的易學的因素。皮錫瑞在《經學歷史》中把它和「正傳」的易學區別出來。另外，易學對於歷史思維的影響，在不同的史學發展階段，其具體表現也是不盡相同的。具體來講，該書認為主要發生過三次大的衝擊：「第一次是從先秦到兩漢易學的變化，為中國古代史學家思考天人關係、總結歷史興衰提供了思想基礎。第二次是魏晉時期，《易》是玄學三個組成部分之一，史學家品評歷史人物、總結歷史的思維方式都受到易學的影響。第三次是兩宋的易學成為理學的要素，也成為史學家論歷史興亡、說歷史因革的哲理依據，波瀾所及，直到明清。」以上所述，基本上勾勒出了中國史學與史學思想不同發展階段易學的主要影響。

作者簡介：

吳懷祺，一九三八年生，安徽廬江縣人。一九六一年畢業於安徽師範大學歷史系，一九八一年北京師範大學歷史系研究生畢業，獲碩士學位。現為北京師範大學史學研究所教授、博士生導師。

主要著作有《宋代史學思想史》、《鄭樵年譜稿》、《中國史學思想史》；主編、撰寫十卷本《中國史學思想通史》等。

易學與史學相關論文及著作

1.《說〈周易〉的變通史學思想》，一九八七年第三期《史學史研究》。

2.《周易研究八十年》，一九八九年第二期《周易研究》。（收入一九九〇年北京師範大學出版社《北京師大版圖書評論》一書中）。

3.《近代易學的發展和郭沫若的〈周易〉研究》。（《郭沫若百年誕辰紀念文集》社會科學文獻出版社一九九四年十二月版）。

4.《通變的史學思想與歷史變革》（一九九五年十月二十三日《光明日報》「史林」）。

5.《章學誠的易學與史學》（一九九七年第一期《史學史研究》）。

6.《易學與中國史學》（一九九七年第六期《南開》學報）。

7.《歐陽修的易學、理學與史學》（一九九七年第一期《安徽大學學報》）。

8.《司馬遷的易學與史學》，（《國際易學研究》第四輯，華夏出版社，一九九八年五月版）。

9.《王夫之的易學與史論》（《安徽大學學報》二〇〇〇年第六期）。

10.《漢〈易〉與〈漢書〉》，《齊魯學刊》二〇〇一年第三期。

11.《易學與古代歷史思維》（《雲南民族學院學報》，二〇〇二年，第一期）。

12.《〈伊川易傳〉與程頤的歷史盛衰論》（《國際易學研究》第七輯，華夏出版社，二〇〇三年一月版）。

著作：

1.點校整理：（清）錢澄之：《田間易學》（五十萬字，黃山書社，一九九八年八月版）。

2.《易學與史學》（簡體字版，十四萬字，中國書店出版社，二〇〇四年三月版）。